# 울릉도 · 독도로 건너간
# 거문도 · 초도 사람들

**자료조사**

최재목 영남대학교 독도연구소 소장
이태우 영남대학교 독도연구소 연구교수
박지영 영남대학교 독도연구소 연구교수
정태만 인하대학교 고조선연구소 연구교수

**기록 및 편집**

이태우

**해제**

박지영

영남대학교 독도연구소 자료총서 9

**울릉도 · 독도로 건너간 거문도 · 초도 사람들**

－거문도 · 초도 사람들의 울릉도 · 독도 도항 관련 구술증언 자료집－

초판 1쇄 발행 2019년 7월 15일

편저자 | 최재목 · 이태우 · 박지영 · 정태만
발행인 | 윤관백
발행처 | 도서출판 선인

등록 | 제5－77호(1998.11.4)
주소 | 서울시 마포구 마포대로 4다길 4 곶마루 B/D 1층
전화 | 02)718－6252 / 6257 팩스 | 02)718－6253
E-mail | sunin72@chol.com
Homepage | www.suninbook.com

정가 22,000원
ISBN 979-11-6068-283-0 94910
978-89-5933-697-5 (세트)

영남대학교 독도연구소
자료총서 9

# 울릉도 · 독도로 건너간 거문도 · 초도 사람들

–거문도 · 초도 사람들의
울릉도 · 독도 도항 관련 구술증언 자료집–

최재목 · 이태우 · 박지영 · 정태만 편저

도서출판 선인

# 머리말

일본의 독도 도발이 한층 더 강화되고 있다. 일본 문부성은 초·중·고 학생들의 교과서에서 독도에 대한 왜곡되고 조작된 역사교육을 노골적으로 주입시키고 있다. 최근 한일 간에 붉어진 경제전쟁은 외교·안보 분야로까지 확대되어 가고 있다. 수백 년간 이어져 온 일본의 침탈로 인해 받은 피해 의식은 한국인의 오랜 감정적 앙금으로 굳어져 치유될 수 없는 심리적 트라우마로 남아 있다. 이웃 국가의 국민들에게 행사한 폭력에 대해 당연히 사과와 사죄가 따라야겠지만 저들은 끝없는 변명과 왜곡을 이어가고 있다.

독도에 대한 일본의 도발과 왜곡된 영유권 주장은 이러한 역사적 맥락에서 한치도 벗어나지 않고 있다. 1905년 일본은 불법적 독도 편입을 시작으로 독도를 강탈한 이후 결국 1910년 한반도 전체를 강탈하여 식민지로 삼았다. 2차 세계대전의 참담한 패배에도 불구하고 과거를 반성하지 못하고 있는 일본은 여전히 제국주의, 군국주의, 패권주의의 망령에서 벗어나지 못하고 있다. 한일강제병합 110년이 지난 지금까지도 일본이 독도영유권을 주장하는 것은 여전히 한반도 침략의 야욕을 숨기지 않고 있음을 입증하는 것이다. 독도는 단순히 한반도 동쪽 끝의 작은 섬이 아니라 한반도 독립을 상징하는 '한국인의 자존심'인 것이다.

이 책은 영남대학교 독도연구소가 발간해오고 있는 '독도자료총서' 9권이다. 책 제목은 『울릉도 · 독도로 건너간 거문도 · 초도 사람들－거문도 · 초도 사람들의 울릉도 · 독도 도항 관련 구술증언 자료집－』이다. 공식적으로 국내에 발행된 독도 관련 도서로는 최초의 구술증언 자료집이다. 광복 이후 지금까지 일본과 독도영유권을 둘러싸고 많은 학술적 논쟁이 있었다. 독도영유권 주장을 위해서는 당연히 역사적 사료와 기타 근거자료들이 주장 근거로 제시되었다. 우리 측 주장을 뒷받침 하는 역사적 사료와 기타 자료들이 어느 정도 발굴이 되었고, 최근에는 「태정관 지령」 등 일본 측 고문헌과 자료에서 독도가 한국의 영토임을 입증할 수 있는 증거를 찾는 작업이 진행되고 있다.

그러나 19세기 말 이전 울릉도 · 독도를 왕래하며 어업이나 선박건조 활동 등을 해 온 거문도 · 초도 사람들은 이미 수 백 년 동안 그 곳 울릉도 · 독도를 기반으로 생업활동을 하고 있었다. 거문도 · 초도를 비롯한 남해 연안 어민들의 울릉도 · 독도 관련 도항과 생활상은 비록 문자로 기록되지 않았지만, 「거문도 뱃노래」와 같은 노동요나 구전자료로, 유형 · 무형의 생활자료로 전승되어 왔다. 다만 이들 어민들이 생산한 이러한 울릉도 · 독도 관련 자료들이 그동안 학술적 근거자료로서 정당한 평가나 가치를 인정받지 못했을 뿐이다. 일제 식민지 역사교육의 영향으로 역사적 사료에만 자료적 가치를 부여해 온 학계의 풍토에서 구술증언 자료는 그저 '입에서 입으로 전해져 오는 근거 없는 이야기'일 뿐이었다.

아이러니하게도 일본은 최근 독도영유권 주장을 강화하기 위해 어민들의 구술증언을 채록하기 시작했다. 2014년 7월 14일 일본 요미우리 신문은 일본 정부가 오키 섬 주민들을 대상으로 울릉도·독도 어로활동 관련 구술증언을 채록하고 영상으로 촬영했다고 보도했다. 이들의 증언을 채록한 것은 독도영유권을 주장하기 위한 자료 수집 차원이라고 하였으며, 이렇게 수집·정리된 자료를 인터넷에 공개할 방침이라고 하였다. 이러한 일본의 움직임에 대응하기 위해서라도 울릉도·독도 도항 관련 구술증언을 채록하고 기록으로 남기는 일은 절대적으로 필요한 일이라 하겠다. 당연히 이에 대한 조사와 연구에 의미와 가치를 부여하는데 소홀히 해서도 안 될 것이다. 거문도·초도 사람들을 포함한 동남해 연안민들은 수백 년 동안 울릉도·독도에 건너가 어로활동과 선박건조 활동 등을 해왔다. 이것은 결국 이들이 수백 년 동안 울릉도·독도 어장을 경영해온 살아 있는 증거이며, 나아가 독도의 실효적 지배를 입증할 수 있는 가장 확실한 증거자료로 활용 될 수 있을 것이다.

이 구술증언 자료집은 2018년 1월부터 10월까지 총 4차례에 걸쳐 거문도와 초도, 여수 현지조사에서 제보자들과 행한 인터뷰를 통해 만들어질 수 있었다. 대부분 70대 이상의 적지 않은 연세임에도 불구하고 독도에 대한 애정과 열정으로 인터뷰에 적극적으로 응해주신 구술자분들께 이 지면을 통해 다시 한번 감사드린다. 이 책을 포함해 『독도총서 시리즈』를 발간하는 데 노고를 아끼지 않은 도서출판 선인의 관계자 여러분들께도 감사드린다.

이 책의 출판은 또한 경상북도와 한국연구재단, 교육부의 후원으로 가능할 수 있었다. 도움을 주신 모든 분들께 다시 한번 감사드린다.

2019년 7월
편저자 일동

## 〈일러두기〉

1. 원문 중간 중간에 사용된 (　)의 글들은 제보자의 구술내용 중 사투리나 생략된 부분, 보충 설명이 필요한 부분을 보완하기 위해 편집자가 임의로 포함시킨 것이다.

2. 이해하기 어려운 사투리나 지명, 용어, 외국인명 등은 각주를 통해 별도의 설명을 붙였다.

# 목 차

# Ⅰ.
# 해 제

## 해 제 거문도 · 초도 사람들의 울릉도 · 독도 도항

거문도는 1396년(태조 5년)에 흥양현(현재 고흥군)에 속하여 삼도(三島)로 불렀다. 1885년(고종 22년)에 삼도가 거문도로 개칭되었다. 1896년 지방제도 개혁에 따라 돌산군 소속으로 바뀌었으며, 1908년 초도, 손죽도, 거문도가 하나의 행정구역으로 통합하여 삼산면 소속이 되었다. 1914년 일제의 지방행정구역 개편에 따라 여수군 관하로 들어가게 되었다. 거문도는 원래 삼도라 불리었으나 1885년~1887년까지 약 2년간 영국군이 점령하자 당시 청나라 수사 제독 정여창이 찾아와 필담으로 이곳 주민들과 의사소통하게 되었다. 이때 이곳 삼도 주민들의 뛰어난 문장에 감탄하여 정여창 제독이 조선 조정에 청하여 삼도를 거문도(巨文島)로 명명하게 되었다고 전한다.

거문도와 초도를 비롯한 전라도 지역의 주민들이 울릉도와 독도에서 어로활동을 했었다는 것은 이미 오래전에 밝혀진 사실이다. 1920~30년대의 신문기사 등을 살펴보면 울릉도의 지명유래 또는 울릉도 개척민의 정책에 전라도 주민들이 깊이 관련되어 있었다는 것을 보여주는 내용이 있다.

1928년 9월 6일자 『동아일보』의 기사에는 "예전에 약초 캐려고 오든 전라배가 풍랑에 밀려 이 섬에 닿아가지고 뱃멀미에 입맛을 잃었다가 아홉 가지 맛을 통했다고 해서 이 포구 이름을 통구미라고 부른다 한다"며, 울릉도 통구미의 지명 유래가 전라도배에 탄 사람의 뱃멀미와 관련이 있다는 내용이 실려 있다. 이 내용은 1881년에 통구미에 정착한 전남 강진 출신의 김종수 노인의 증언이다.

島嶼巡禮
鬱陵島方面

동아일보(1928.9.6.)

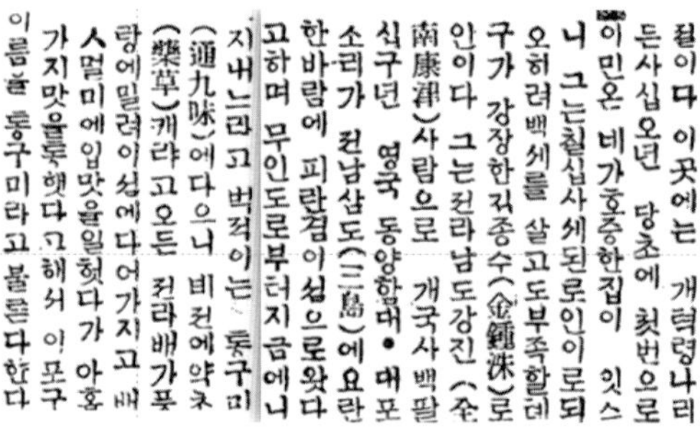
절이다 이곳에는 개텩령나리
든사십오년 당초에 쳣번으로
이민온 네가호중한집이 잇스
니 그는칠십사세된로인이로되
오히려백세를 살고도부족할데
구가 강장한김종수(金鍾洙)로
인이다 그는젼라남도강진(全
南康津)사람으로 개국사백팔
십구년 영국 동양함대•대포
소리가 젼남삼도(三島)에요란
한바람에 피란겸이섬으로왓다
고하며 무인도로부터지금에니
지내느라고 벅적이는 통구미
(通九味)에다으니 비젼에약초
(藥草)캐랴고오든 젼라배가풍
랑에밀려이섬에다어가지고 배
人멀미에입맛을일헛다가 아홉
가지맛을통햇다고해서 이포구
이름을 통구미라고불른다한다

해당 기사부분 발췌

그리고 1928년 9월 7일자 『동아일보』 기사에는 "예전에 전라도에서 약초를 캐려고 이섬에 와서 약초도 캐거니와 삼림이 울창하니까 제맘대로 벌목을 하여 새로 목선을 지어가지고 이곳서 바람 자기를 기다리다가 떠난 곳이라서 해서 대풍감이라고 불른다 한다"며, 울릉도의 대풍감이 전라도 배들이 목선을 건조해서 이곳에서 바람이 자기를 기다리다가 떠난 곳이라는 지명의 유래를 전하고 있다.

島嶼巡禮

鬱陵島方面 (7)

第七隊 李吉用

녯火田넓은터에 豊作傳하는別天地

해금강가튼긔암괴석

海上에솟은石窟岩

동아일보(1928.9.7.)

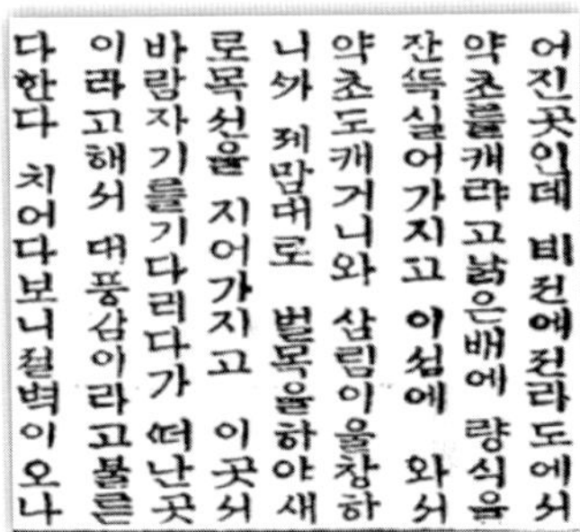

어진곳인데 비전에전라도에서
약초를캐랴고낡은배에 량식을
잔뜩실어가지고 이섬에 와서
약초도캐거니와 삼림이울창하
니까 제맘대로 벌목을하야새
로목선을 지어가지고 이곳서
바람자기를기다리다가 떠난곳
이라고해서 대풍삼이라고불른
다한다 치어다보니절벽이오나

해당 기사부분 발췌

또 1934년 2월 24일자 『동아일보』의 기사에는 “이보다 먼저 이 섬에 드나들기 시작하기는 전라도 사람들로 이들은 초여름에 헌 배를 타고 들어오면 온 여름동안 울창한 삼림 속에서 좋은 재목을 베어 새 배를 지어 타고 타오는 것”이라며, 울릉도 개척민 보다 먼저 울릉도에 드나들기 시작한 것이 전라도 사람들이라는 것과 그들이 초여름에 헌 배를 타고 와서 선박을 새로 건조해서 타고 나갔다는 내용을 기술하고 있다.

눈속에 묻힌 哀話 ④

于山國의 옛자취

바다엔 전복, 산엔 밀림 그도 옛일

동아일보(1934.2.24.)

그런데 이보다도 먼저 이섬
에드나들기 시작하기는 전라도
사람들로 이들은 초여름에헌배를
타고 들어오면 온여름동안울창한
삼림속에서 좋은재목을 비어서새
배를 지어타고나오는것이데 그시
이섬의 개척자들은 [illegible]
[illegible] 발로가지못하[illegible]이

해당 기사부분 발췌

또 한 가지 1973년에 발간된 "울릉도 석포 개척지"에 따르면 최초 정착민 중의 한 사람인 김정하 씨가(영일 출생) 1891년에 미역 채취를 위해 울릉도를 왕래하는 전라도 배를 타고 울릉도에 건너와 석포 마을에 정착했다고 기록되어 있다.

이처럼 울릉도의 전라도 주민과 울릉도와의 관련성을 기록한 20세기의 기록이 많이 남아 있으며, 이와 관련해서 그 이전의 역사기록 또한 많다. 전라도 주민들의 울릉도 도항 사실을 알 수 있는 가장 오래된 근거는 17세기 말에 발생한 안용복과 박어둔 피랍사건 당시의 진술 내용에서 찾을 수 있다.

일본의 돗토리 지방으로 납치되어 끌려갔던 안용복과 박어둔은 조선으로 귀국하는 도중에 나가사키와 대마도에서 몇 차례에 걸쳐서 피랍경위에 대한 조사를 받았는데, 당시의 조사기록에 따르면 안용복이 일본인들에게 납치되었을 당시에 울릉도에는 3척의 배가 조업을 하고 있었다고 한다. 그리고 그 중 1척이 전라도 순천의 배였다고 진술했다. 당시 순천은 현재의 순천지역과 여수지역 일대를 통괄하는 지명이었으므로, 거문도와 초도 또한 순천부에 소속된 섬이었다.

뿐만 아니라 안용복이 1696년에 자발적으로 일본으로 도항하였을 때 그의 일행 중에 '순천승' 5명이 포함되어 있었다는 기록이 『숙종실록』에 기록되어 있으며, 이 사실은 현재의 여수, 순천지역 주민들이 울릉도와 독도로 도해하고 있었다는 것을 명확하게 입증해주는 것이기도 한다.

동래(東萊) 사람 안용복(安龍福) · 흥해(興海) 사람 유일부(劉日夫) · 영해(寧海) 사람 유봉석(劉奉石) · 평산포(平山浦)

> 사람 이인성(李仁成) · 낙안(樂安) 사람 김성길(金成吉)과 순천(順天) 승(僧) 뇌헌(雷憲) · 승담(勝淡) · 연습(連習) · 영률(靈律) · 단책(丹責)과 연안(延安) 사람 김순립(金順立) 등과 함께 배를 타고 울릉도(鬱陵島)에 가서 일본국(日本國) 백기주(伯耆州)로 들어가 왜인(倭人)과 서로 송사한 뒤에 양양현(襄陽縣) 지경으로 돌아왔으므로, 강원 감사(江原監司) 심평(沈枰)이 그 사람들을 잡아가두고 치계(馳啓)하였는데, 비변사(備邊司)에 내렸다.[『숙종실록』 숙종 22년 병자(1696,강희35) 8월29일 (임자)]

『숙종실록』에 등장하는 '순천승' 5명은 당시 순천부 관할의 의승수군(義僧水軍)이 주둔하던 흥국사의 승려였으며, 이들이 안용복과 함께 일본으로 건너간 이유는 명확하게 알지 못하지만 여수, 순천지역의 승려인 뇌헌(雷憲) · 승담(勝淡) · 연습(連習) · 영률(靈律) · 단책(丹責)이 안용복과 함께 울산에서부터 동행하였다는 것을 명확하게 알 수 있다.

그리고 1787년 프랑스의 라페루즈 탐험대가 울릉도를 발견하고 울릉도에 다즐렛이라는 이름을 붙였을 당시에 라페루즈는 울릉도에서 다수의 조선인들을 목격했다는 내용을 기록하고 있다. 그는 "배를 건조하는 작업장을 발견했다. 이들은 조선인 목수들로 여름이면 섬에 식량을 가지고 와서 배를 건조한 후 본토에 가져다 판매하는 것 같았다."라고 기록하고 있는 데, 이러한 조선인의 행동은 그 후의 한국 측 기록과 대조해볼 때 거문도와 초도의 주민들이 보여줬던 행동과 일치하고 있다.

따라서 이 당시에 라페루즈가 목격한 조선인이 거문도와 초도의 주민이었을 가능성이 높다고 할 수 있다. 그리고 라페루즈가 해도에 기록한 울릉도의 모습을 보면 울릉도의 서쪽 지역만을 묘사하고 있으며, 동쪽 지역은 생략하고 있다. 따라서 라페루즈 탐험대가 울릉도의 서쪽 지역만을 조사했다는 것을 알 수 있다. 그러므로 그들이 조우한 조선인들이 울릉도의 서쪽 지역에서 선박 건조활동을 하고 있었다는 것 또한 알 수 있다. 이 또한 그 후의 기록에 나오는 것처럼 거문도와 초도 주민들이 주로 검은작지(현재의 현포지역)를 중심으로 활동했었다는 것과 일치하고 있다.

라페루즈

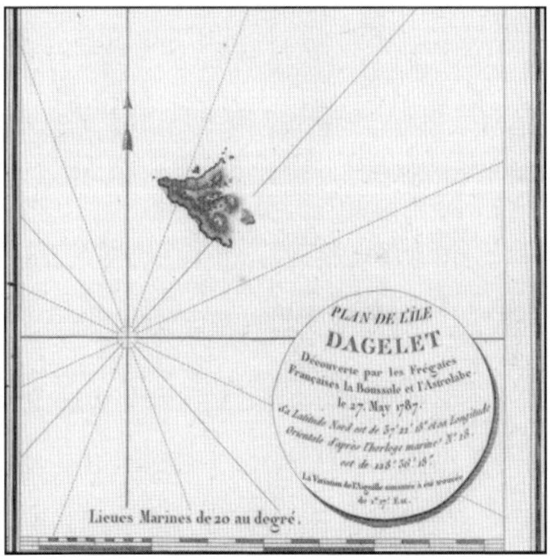


라페루즈가 해도에 기록한 울릉도

또 정약용이 강진유배 시기(1801-1818)에 저술한 '탐진어가(耽津漁歌)'에도 전라도 주민들의 울릉도 도해를 시사하는 내용이 들어있다.

〈정약용과 '탐진어가'〉

| | |
|---|---|
| 漁家都喫絡蹄羹 | 어촌에서 모두가 낙지국을 즐겨먹고 |
| 不數紅鰕與綠蟶 | 붉은 새우 녹색 맛살(조개)은 하찮게 여기는구나. |
| 澹菜憎如蓮子小 | 홍합(조개)이 연밥같이 작은 게 싫어서 |
| 治帆東向鬱陵行 | 돛을 달고 동으로 울릉도로 간다네. |

정약용은 강진에서의 유배기에 지역주민들과 많은 교류를 하였으며, 그들의 생활상을 담아서 남긴 것이 바로 '탐진어가'인데 여기에 지역 주민들이 홍합 등을 채취 위해 울릉도로 간다는 내용을 담아 전라남도 주민들의 울릉도 도해가 생활과 아주 밀접한 관련을 띠고 있었다는 것을 후세에 남기고 있다.

그리고 고종의 명령을 받아 1882년에 '울릉도 검찰사'로 울릉도로 건너갔던 이규원(李奎遠, 1833~1901)이 남긴 『울릉도검찰일기』에 따르면 이규원이 울릉도를 시찰하는 도중에 많은 거문도와 초도 출신 어민들을 만났었다는 것을 알 수 있다.

〈이규원 검찰사 일행이 남긴 임오년각석문(울릉도 학포 소재)〉

〈『울릉도검찰일기』에 기록된 울릉도 도항자들〉

| 검찰일 | 장소 | 대표자 | 대표자 출신지 | 작업내용 |
|---|---|---|---|---|
| 4월 30일 | 소황토구미 | 김재근(金載謹)+격졸23명 | 흥양(興陽), 삼도(三島) | 선박건조, 미역채취 |
| 5월 2일 | 대황토구미 | 최성서(崔聖瑞)+격졸13명 | 강원도 평해 | - |
| | 대황토구미 | 경주사람 7명 | 경상도 경주 | 약초채취 |
| | 대황토구미 | 연일사람 2명 | 경상도 연일 | 연죽(烟竹) 벌목 |
| 5월 3일 | 왜선창포 | 이경칠(李敬七)+격졸20명 | 전라도 낙안(樂安) | 선박건조 |
| | 왜선창포 | 김근서(金謹瑞)+격졸19명 | 흥양(興陽) 초도(草島) | 선박건조 |
| | 나리동 | 정이호(鄭二祜) | 경기도 파주(坡州) | 약초채취 |
| 5월 4일 | 나리동 | 全錫奎 | 경상도 함양 | 약초채취 |
| 5월 5일 | 도방청~장작지 | 일본인 내전상장(內田尙長) 등 78명 | 남해도, 산양도 등 | 벌목 |
| | 장작지 | 이경화(李敬化)+격졸13명 | 흥양(興陽) 삼도(三島) | 미역 채취 |
| | 장작지 | 김내언(金乃彦)+격졸12명 | 흥양(興陽) 초도(草島) | 선박건조 |
| 5월 6일 | 통구미 | 김내윤(金乃允)+격졸22명 | 흥양(興陽) 초도(草島) | 선박건조 |

위의 표는 이규원의 『울릉도검찰일기』에 기록된 내용을 기초로 하여 이규원이 만났던 사람들에 대한 정보를 분류하여 작성한 것이다. 이 내용에 따르면 당시 이규원이 만난 조선인들은 모두 140명이었으며 그중에 거문도 주민이 38명, 거문도 주변에 있는 초도(草島) 주민 또한 56명에 이르렀다. 즉 거문도와 초도 지역에서만 울릉도로 건너온 주민이 94명이나 되었다는 사실을 알 수 있다. 이들 거문도 및 초도에서 울릉도로 건너온 주민들의 주 목적은 선박 건조와 미역채취였다. 이러한 내용은 바로 아래에 서술하는 『통상휘찬』의 내용과도 일치하고 있다.

마지막으로 거문도 지역 어민들의 울릉도, 독도 진출과 관련해서는 1902년에 발행된 『통상휘찬(通商彙纂)』호에도 기록이 남아있다. 『통상휘찬』에 따르면 거문도 지방의 어민이 여름철이면 약 20척의 선단을 구성하여 대규모로 울릉도로 건너가서 미역을 채취하여 돌아갔다는 것을 알 수 있다. 이러한 울릉도에서의 미역채취는 이후에 수집된 거문도 주민의 증언에 따르면 독도에서의 미역채취와 이어졌다는 것을 알 수 있다.

> 또, 한국본토 간의 교통선은 거의 없으며, 섬에 재류하는 한국인 등과 협동하여 일본의 선박을 고용하여 울산 또는 부산에 대두(大豆)를 수송하고 수용품을 매수하는 경우에 있어도, 1년에 2~3회에 지나지 않고, 또 여름철이 되면 전라도 삼도지방(거문도를 말함, 필자 주)에서 미역채취를 위해 20척 내외가 섬으로 오는 경우가 있어도 화물이 만재되면 본토로 귀항하고 기타 항해용에 적합한 선박을 소유하는 자는 없어도 우연히 부산항으로부터 일본 선박을 고용하여 섬으로 오는 자가 있다. [『통상휘찬』 234호]

따라서 20세기 초반 이전에 울릉도에서 이루어진 거문도 및 초도 지역 주민의 활동은 명백하게 역사 사료 속에서 입증되고 있으며, 그들의 목적 또한 확실하게 기록되어 있다.

이와 같은 거문도 사람들의 활동 내용을 기록한 사료뿐만 아니라 거문도 출신의 오성일이라는 사람이 1890년부터 울릉도의 도감을 지내 거문도와 울릉도의 관계가 한층 더 돈독해지는 일도 있었다. 1854년 거문도의 서도리에서 출생한 오성일 도감은

1924년 70세의 일기로 생애를 마쳤는데, 도감에서 퇴임한 후에는 고향인 거문도로 돌아와서도 고향 발전에 힘을 모았으며, 특히 거문도 청년 김경옥이 울릉도에서 다리에 큰 부상을 입고 돌아오자 영국배를 통해 외국병원으로 보내 여러 달 동안 치료하고 올 수 있도록 해 주었다는 일화가 남아있다.

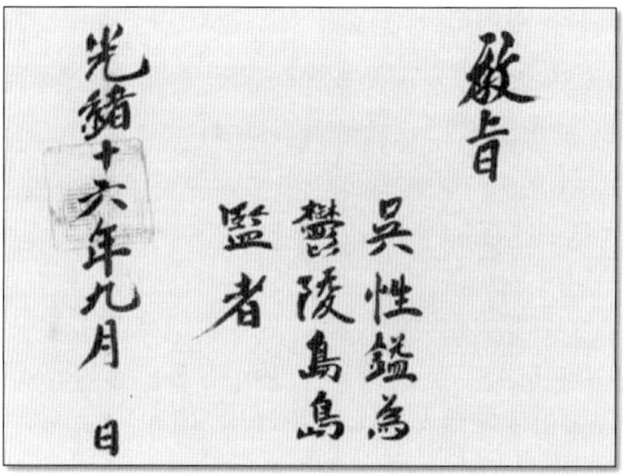
敎旨
吳性鎰爲
鬱陵島島
監者
光緒十六年九月 日

오성일 울릉도 도감 임명 교지

오성일 도감의 묘역 (삼산면 서도리)

그리고 1962년 3월 20일자 "민국일보"에 따르면 거문도에 거주하고 있던 김윤삼 씨(1876년생)의 증언으로 원산 등지에서 명태 등을 실은 배를 울릉도에 두고 뗏목을 저어 돌섬(독도)에 도착하여 가제를 잡았다고 증언하고 있다. 김윤삼 씨는 이러한 활동은 1800년대 초부터 시작된 것으로 기억하고 있다. 또 1963년 8월 11일자 "조선일보"에는 거문도에 거주하던 박운학 씨(1885년생 추정, 당시 78세 추정)의 증언을 수록하고 있다. 그의 증언에 따르면 거문도 사람들은 울릉도로 떠나기 전에 서해안 의주, 진남포, 장산곶 등에서 쌀을 사다가 싣고 동해안 울진, 강릉, 원산 등에서 쌀을 판매했으며 이어 울릉도에 도착했다고 증언하였다. 그는 돌섬(독도)의 가제(강치) 가죽으로 갓신, 담배쌈지도 만들었으며, 기름을 짜서 불을 켰다고 기억하고 있었다.

'獨島는 옛날부터 우리땅'

千石짜리뗏목배로來往

日人은 그림자도없어…元山·對馬島까지 우리獨擅場

海狗잡이 出漁

9旬老翁의證言

巨文島서百40年來傳承

老漁夫金允三氏의回顧

민국일보(1962.3.20.) 해당 기사

第18008號

獨島

바다의開拓者

사발배타고 東으로西로

그옛날 義州쌀 사다가 元山가서 팔아

巨文島돌아올땐 鬱陵島뗏목

조선일보(1963.8.11.) 해당 기사

또한 여수시 삼산면장을 역임했던 박종산 씨(1937년생)에 따르면 그의 외조부는 울릉도에서 사망했는데 외조부가 울릉도에서 사망하였을 때 일행들이 소금으로 관을 만들어 거문도로 데려왔다고 한다. 박종산 씨의 큰할아버지, 작은할아버지 등 선조들이 울릉도에 다니면서 울릉도에도 자녀를 두었으며, 울릉도에서 낳은 자녀들이 거문도에 찾아왔을 때 거문도에서는 그들을 "울도야"라고 불렀으며, 거문도 사람들은 울릉도에서 고기잡이보다는 주로 미역채취가 목적이었다고 들었다고 증언했다. 그리고 거문도 사람들은 독섬(독도)으로 가서 강치를 잡았으며, 강치에서 채취한 기름을 "애우지름"이라고 불렀는데, 주로 호롱불 등의 연료로 사용했다고 한다. "애우지름"은 강치의 앳뎅이에서 나온 기름이라는 뜻의 전라도 방언이라고 한다.

초도에 거주하던 서덕업 씨의 증언에 따르면, 서 씨는 부친인 서춘삼 씨를 따라 울릉도에 한 차례 다녀왔는데, 죽도라는 섬에는 사람들이 살고 있고 울릉도에는 괴상하게 생긴 섬과 여(암초)도 많은데 그 중에는 독섬도 있었다고 증언했다. 독섬은 울릉도의 높은 산에서 날씨가 좋으면 보이는데 일기를 잘 살펴가면 독섬이 나오고, 동서 두 섬 사이에서 해삼, 전복, 소라, 미역, 다시마를 많이 해서 되돌아왔다고 한다. 특히 독섬 바위틈에서 물이 나왔으며 하얀 도복을 입은 노인이 사는데 피신해 와 있는 것 같았다고 증언했다. 특히 해달, 물개와 물소(바다사자, 강치)가 수없이 사는데 소가 우는 것 같고 처음에는 남자들만 갔지만 오랫동안 있어야 되고 여자들은 밥도 하고 나물도 캐고 농사도 짓고 갯것이나 무재질도 하며 할 일이 너무 많아서 딸이나 건강한 중년부인들이 동행하였다고 한다.

이러한 거문도 및 초도 주민들의 울릉도 · 독도 어렵활동을 증명해주는 것으로 거문도에 남아있는 뱃노래의 한 종류인 "술비소리"라는 민요가 있다. 현재 〈거문도 뱃노래 전수회〉가 전수하고 있는 민요로 그 내용을 살펴보면 예전에 거문도 주민들에게 울릉도가 상당히 큰 생활상의 의미를 지닌 섬이었다는 것을 여실하게 보여주고 있다.

〈술비소리〉

간다 간다 나는 간다, 에이야아 술비야, (후렴 : 에이야 술비야)
<u>울릉도로 나는 간다 (후렴), 고향 산천 잘 있거라(후렴),</u>
부모형제 잘 계시오 (후렴), 인제 가면 언제 오나(후렴),
오도록 만 기다리소 (후렴) ……

<u>울릉도를 가서 보면 (후렴), 좋은 나무 탐진 미역 (후렴),</u>
<u>구석구석에 가득 찼네 (후렴), 울고 간다 울릉도야 (후렴),</u>
어기 영차 배질이야 (후렴), 알고 간다 아릿역아 (후렴),
이물에 이 사공아 (후렴), 고물에 고 사공아 (후렴),
허리띠 밑에 하장이야 (후렴), 돛을 달고 닻 감아라 (후렴),
(생략)

이들 거문도와 초도 주민들의 울릉도 행은 상당히 힘든 여정이었을 것으로 보이며 당시의 선박사정을 고려하면 목숨을 건 사투였을 것이다. 하지만 울릉도에 있는 좋은 나무와 기름진 미역을 싣고 오기 위해서 그들은 힘든 여정을 무리해서 감행한 것으로 판단된다.

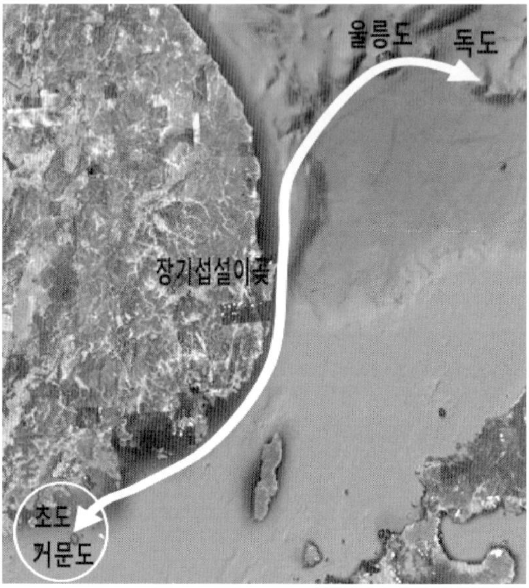


거문도, 초도에서 울릉도 독도까지의 뱃길

앞에서 기술한 서덕업 씨의 증언에 따르면 울릉도로 가기 위해서 그들은 15톤 내외의 노와 돛으로 움직이는 풍선(風船 · 帆船)을 타고 그 멀고 험한 뱃길 울릉도를 다녔다고 한다. 당시 항해에서 제일 중요한 것이 바람인데 하늬바람(북서풍)이나 서마(남서풍)나 맞바람(남풍)이 불어야 울릉도에 가기 좋고, 올 때는 샛바람(동풍)이나 높새바람(북동풍)이 불어야지 좋았다. 따라서 10월 초순에 갔다가 다음해 8~9월에 오던가, 겨울을 보내고 2월 중순에 울릉도를 떠나왔으며, 울릉도까지는 운이 좋아 계속 순풍을 만나면 3~4일 안에 갈 때도 있다. 재수가 없으면 한 달이 넘을 수도 있고, 병으로 죽거나 폭풍이나 노불(태풍이나 폭풍우)을 만나면 몰살할 수도 있었다고 한다.

이러한 거문도 주민들의 발자취를 찾아서 입증하기 위해서는 현재 거문도에 남아있는 자료를 찾아내어야 할 필요가 있다. 그러한 자료 들 중에는 기록 자료 및 구술 증언을 비롯하여 당시에 그들이 울릉도에서 채취하여 거문도로 운반한 선박용 목재 등과 같은 실물자료도 있을 것이다.

일본이 독도를 편입했다고 주장하는 1905년 이전에 독도를 우리가 실질적으로 활용하고 있었다는 증거를 확보하는 것이 독도에 대한 우리의 영유권을 공고하게 하기 위해 반드시 필요하며, 이러한 자료 수집 활동은 무엇보다도 선행되어야 할 것이다.

따라서 역사적, 국제법적으로 상당히 중요한 자료인 울릉도 독도 관련 거문도 자료들이 멸실되기 전에 수집, 보존하기 위해 여수와 거문도 지역 주민들을 대상으로 한 구술증언 조사를 실시하였다. 조사는 3차에 걸쳐서 실시하였으며, 1차 현지조사는 2018년 1월 15일~17일에 거문도를 대상으로 실시하였다. 그리고 2차 조사는 2018년 2월 5일~10일까지 5박 6일간 실시하였다. 특히 제2차 조사는 거문도를 비롯한 초도와 손죽도 및 여수시도 조사 대상으로 삼아 광역 조사를 실시하였으며, 해당 섬에 현존하는 울릉도, 독도 관련 유적들에 대한 조사도 병행해서 실시하였다. 3차 조사는 2018년 10월 27일~10월 31일까지 4박 5일간 실시하였다. 3차 최종 조사는 1, 2차 조사 때 면담하지 못했던 주요 제보자들에 대한 추가 및 보완 조사를 위해 보충 조사를 실시한 것이었다.

증언자들의 연령이 고령이라 내용적인 측면에서 명확하지 않은 부분도 상당히 있으며, 또한 기억의 퇴화로 인해 증언내용도 명료하지 않은 측면이 있다. 하지만 이번 조사를 통해 거문도와 초도의 주민들이 과거에 울릉도와 독도를 활용하며 생활했었다는 것이 그들의 기억 속에 명확한 형태로 남아있는 것을 확인할 수 있었다. 따라서 독도영유권 확립을 위해서는 이처럼 사라져가고 있는 기억들을 현 시점에서라도 채록하여 후세에 남기는 것이 중요한 작업이라고 할 수 있다. 그러므로 앞으로도 꾸준한 증언 채록 작업이 이루어져야 할 것이다.

〈해제: 박지영〉

## ■ 제보자 사진

이귀순
(거문도뱃노래 전수회 회장)

김태수

원용삼

김충석(前 여수시장)

김충현

박종산(前 삼산면장)

진옥스님(석천사 주지)

## ■ 거문도 지도

여수 114.7km
녹산곶등대
녹산곶
코바위
서도해수욕장
서도초교
서 도 리
대저림서
소저림서
작은용냉이
음달산
(237.0)
큰용냉이
송곡곶
변 촌 리
서 도
페가서스호 기항지
간여
월음포
거투암칼바위
배심포
대죽전봉
유 촌 리
귤은김유선생사당
거문초교
동도분교
오가고호경유지
죽 촌 리
산굴단
망양봉
(246.8)
망치산
갈등바위
동 도
마당여
대석산
동도등대
거 문 도
다랭이끝
오지여
한전 발전소
여객선터미널
덕 촌 리
거문항
거문리
영국군묘지
벼락바위
대원도
소원도
불탄봉
(덕촌산)
(195)
거문중교
덕촌초교
거문초교
삼호교
오리바위
안노루섬
밖노루섬
오리섬
구멍섬
고래밑
유림해수욕장
[유람선으로 이동]
보로봉(170)
선착장
얼굴바위
수월산
(127.9)
촉죽서
기와지붕몸탕
용두니절벽
신선바위
(115)
의자바위
아차바위
선바위
관백정
500년굴
배치바위
거문도등대
제주도

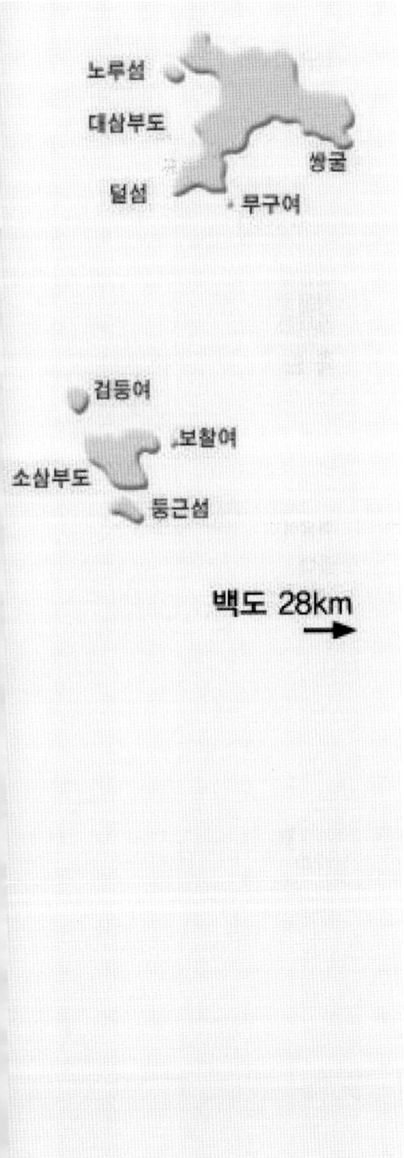
노루섬
대삼부도
쌍굴
덜섬
무구여
검둥여
보찰여
소삼부도
둥근섬
백도 28km

# II.
# 울릉도·독도 도항 관련 거문도·초도 사람들의 구술증언

# 1. 이귀순의 구술증언

- 일시: 2018.1.16.(화) 14:00~16:30
- 장소: 거문도 서도리 장촌마을 경로당
- 제보자: 이귀순(84) 거문도뱃노래 전수회장,
  신황현(78) 서도리 노인회장
- 조사자: 이태우, 박지영, 정태만
- 조사내용: 19C말 거문도 사람들의 울릉도·독도 도항 관련 구술증언

거문대교 동도리 쪽에서 바라 본 서도리 장촌마을 전경

이귀순: 전에도 여기 오셨던가요? 하여튼 어떻게 되든지 몇 십 년 전부터 그 저 뭘 정보를 달라고 많은 사람들이 여기를 스쳐지나갔어요.

조사자: 스쳐가도 이건 학자는 책을 쓰든지 논문을 쓰든 둘 중 하나가 돼야 되는데 그냥 뭐 이렇게 생각하고 말고 뭐 그러다보니까 그런 사람들이 많아도 마무리를 못 짓고 그래서 어쨌든 그러다보니까 작년에 첨으로 저 거문도 어르신들을 경북도에서 모시고 가는 게 처음 시작이 되었지요. 그래서 올해는 영남대에서 본격적으로 조사할 계획을 세워가지고 거문도 · 초도를 조사하려고 합니다. 여기 어르신들 기억력도 그 벌써 70년 전의 기억을 자꾸 이제 기억을 해가면서 그렇지 않습니까? 연세도 많으시고 기억력도 자꾸 흐려지시고…

이귀순: 네 그 때만 해도 그분들이 여기 와가지고 그랬을 때만 그래도 그분들한테는 많은 자료를 준 셈이에요. 저희들이 알고 있는, 예 지금은 이제 그런 게 기록이 되고 인자 그래 됐지만은 처음에는 저 마냥 했죠 뭐.

조사자: 그래서 제가 몇 년 동안 이거를 시간 날 때마다 조금씩 보니까 일본 기록하고 대조를 해봐도 김윤삼 어르신과 그 말씀이 하나도 틀린 게 없어요. 시기적으로 딱딱 일치가 되요. 신문에 인터뷰한 김윤삼 어르신하고 그 박운학 어르신… 네, 두 분이 그래도 증거를 신문에 남겨가

지고[1] 거문도 · 초도 분들이 옛날에 울릉도 · 독도를 드나들었다는 사실을 알게 되었습니다.

이귀순: 잠깐만 앉아 계십시오. 그때 인사 소개시켰던 그 (김윤삼) 할아버지의 손자사위 그 때 키 큰 분, 그때 울릉도에서 소개시켰던 김충현 씨.

이귀순: 그 형님이 지금 전화를 하니까 안 받네요.

조사자: 한번 만나 뵀으면 했는데.

이귀순: 그 분이 그 (김윤삼) 할아버지의 손자사위여.

조사자: 예. 김윤삼 어르신 손자 사위, 김충현 씨죠. 맞아 그 『민국일보』에 나왔던 거 같다 이름도.

이귀순: 좀 앉으십시오. 앉으시죠. 앉읍시다. 이리 오쇼.

조사자: 아니 마주보고 말씀을 나눠야 되죠.

이귀순: 다리가 안 좋으니깐, 아니 뭐 특별한 다른 일은 없죠? 천천히…

1) 『민국일보』, 1962.3.20일자 김윤삼 씨 인터뷰 기사와 『조선일보』 1963.8.11일자 박운학 씨 인터뷰 기사 참조.

조사자: 오늘 회장님과 편하게 이야기하면 됩니다.

이귀순: 네, 비도 오고 그러니깐.

조사자: 오늘 비만 안 오면 오도감 산소[2]에도 가보면 좋을 텐데.

이귀순: 거기 (오성일 도감 산소까지) 멀어.

조사자: 비가 와서 가파른데 있죠?

이귀순: 그렇게 가파르진 않은데 거리가 멀다고, 다음번에 올 때, 2월 5일 그 때 와서 하십시오. 지금 비도 오고 그래서 그 저 음… 승용차로 그 산길이지만은 그러니까 그때는 차 편으로 가니까 차를 이용하면 그땐 얼마 안 걸려. 길이 그렇게까지 닦아져 있는 데까지 차가 되는데 있는 데서부터는 얼마 안 올라가면 되니까 그 때는 그렇게 하세요.

조사자: 전에는 교회 뒤로 해서 요렇게 갔었는데…

이귀순: 그거는 인제 걸어갔을 때 일이고, 지금은 다리 있는 데서 해변으로 그 쪽으로 가는데 길이 있어요. 그러니까 음 도보로는 상당히 멀어요.

---

2) 울릉도 초대 도감 오성일의 묘소(고종 27년, 1890년 임명).

조사자: 예.

이귀순: 그 저 저 기록에 보시면 알겠지만은. 그 김병순 씨 하고 김동규 씨가 그 한 번 울릉도를 가신 적이 있으니까 우리 마을에서. 그 두 분들이 갔을 때.

조사자: 별도로 갔습니까?

이귀순: 두 분이 같이 갔어. 여기서.

조사자: 태수 아버지 김병순 씨 하고.

이귀순: 태수 아버지 친구, 김동규 씨 두 분이. 지금은 두 분 다 돌아가셨구.

이귀순: 태수가 어제 여수에 나가버렸구만. 그 분들 두 분이 가서도 그걸 못 찾았어. 울릉도에서 정식으로 중앙에서 발행한 (오성일 도감 임명) 교지. 이게 중앙에서, 우리나라 조정에서 만든 거 교지 그걸 못 찾고 왔거든. 그런데 그 우리나라 한말에 오도감이 울릉도에서 그 일본인들과…

조사자: 아 우용정 「울도기」에 그게 기록이 되어있습니다. 양국이 조사를 갔는데 그 때는 그럼 오도감은 지금 어디 있나고 질문했는데. 전라도에 있다고. 그 전에 어떤 기록이 있냐면 오도감이 일본 직원이 말을 안 들어서 우산

자루 가지고 때렸다 일본인을, 그러니까 야밤에 일본인 20명이 일본도를 들고 오도감 집에 가서 행패를 부려서 사람을 상해를 입혔다. 허허 그런 기록들이 상세하게 있습니다. 공동조사를 할 때는 일본 쪽에서 그런 일 없다고 잡아뗐는데 그 때 다친 사람이 와서 다쳤다. 하여튼 나무 가지고… 울릉도에서 개척령 이후에 간 사람은 농사를 지었기 때문에 그 사람, 농사를 지은 사람은 싸울 계획이 없었습니다. 제가 보기에는 근데 그 배 만드는 분은 일본 벌목공이 나무를 쳐 베어가니까 계속 싸운 겁니다. 싸우고, 오도감은 나무 못 베어가게 할라고. 어떻게 하든 도감으로서 못 베어가게 하니까 싸우고. 아까 말씀드렸듯이 심지어 나무 두 그루 베가는 걸로 생각하시는데 온 산 나무 다 베어갈라고 한다. 이놈 벌목공들이, 그래서 싸우고 그래서 계속 중앙정부에 계속 보고서가 뭐 올라갔지요. 일본인들이 행패를 부리고 말을 안 듣고 하니깐… 그래서 인제 그 당시 신문에 1899년, 그 황성신문 일면 톱기사로 울릉도 상황 이렇게 해가지고 울릉도가 톱기사로 났어요. 그래서 대한제국칙령이 나오고 그런 게 없었더라면 중앙정부에서는 뭐 울릉도 있는지 없는지도 몰랐죠. 그냥 넘어갔죠. 그래서 울릉도를 그렇게 하고 독도도 지켜진 겁니다.

**이귀순:** 우리 (노인회 신황현) 회장입니다.

**신황현:** 앉으십시오. 앉으십시오.

이귀순: 앉으십시오. 어디 갔을까? (김충현 씨에게 전화) 한번 더 해보자.

조사자: 보통 어르신들 전화 잘 안 받습니다만.

이귀순: 그 때 그래도 다리가 안 좋아가지고.

이귀순: 신호는 가는데 전화 안 받어. 왜 집에 없으까? 어데 갔으까? 그 (거문리 면소재지) 주변에 형님 자제분이 모텔을 하고 있어요.

조사자: 예 만났습니다 오전에, 모친은 한 5년 전에 돌아가셨다고.

이귀순: 예 맞아요. 그 모친이 손녀예요. 김윤삼 어르신의 손녀.

조사자: 그러니까 그 아버님이 지금 김충현 어르신.

이귀순: 예…

신황현: (김충현 씨와 통화 중) 형님 어디 계십니까? 예? 언제 들어올꺼여? 몰라? 고기 물어요?

이귀순: 바다에 갔구만… 삼치 낚으러…

신황현: 아니 우리가 대접을 해야 하는디…

이귀순: 아니 그런데 대접을 받을 수밖에 없어. 하루 전이나 이틀 전에 미리 연락을 했으면 우리가 소도 잡고 돼지도 잡고 했을 건데.

일행: 하하하.

이귀순: 아무도 못 만났지요?

조사자: 예 아무도 못 만났습니다. 여기 바로 왔습니다. 오전에 와서 식사하고 바로 이곳으로 오는 길입니다.

이귀순: 본격적으로 2월 5일경에 다시 오신다는 거죠?

조사자: 아 저희가요 원래 연락을 드리고 약속을 정하고 올라 그랬는데 지난번에 전화를 드렸더니 회장님께서도 육지에 나가 계시고 다음 주에나 들어오신다고 인천 나가 계시고. 그래서 이번에는 간단하게 저희들끼리 와서 간단하게 둘러보고 2월 달에 한 번 이제 본격적으로 연락드리고 그럴려고 했는데, 와서 이장님께 여쭤보니까 이귀순 회장님 계시다고 하시더라고요. 그래서 얼떨결에 이장님과 연락을 드려서 만나 뵙게 된 겁니다.

조사자: 저희들이 대접해 드려야하는데. 제 생각은 아부하는 게

아니고. 독립유공자, 독립유공자 하는데 (여기 거문도 분들은) 독립유공자에 준하는 분들의 후손이십니다.

일행: 하하하

조사자: 왜냐 하면은 만약 거문도분들이 거기 와서 배 만들고 그런 일을 안했더라면 일본이 얼마나 눈독을 들였습니까? 아무도 사는 사람 없었으면 벌써 울릉도 까지 일본 땅이 다 됐습니다. 그거를 계속 지속적으로 조선 후기부터 후기에서부터 지킨 분들이 바로 거문도 분들이고 그 다음에 개척령 이후에도 벌목공들하고 안 싸웠더라면 중앙 정부에서는 울릉도란 섬에 관심을 안가지지요. 독도도 관심 안가지지요. 계속 싸우고 보고서가 계속 올라가니까 1900년도에 한일 양국 공동으로 조사까지 했습니다. 조사해서 그 조사기록에 아까도 말씀드렸듯이 오도감이 벌목공 일본 벌목공한테 나무 두 그루 베가라는 허가를 내줬는데 그 핑계로 온 산 나무를 다 베가고 그 다음에 오도감이 배를 만들면서 일본 직원 직공을 좀 엄하게 했다고 해서 우산 자루로 때렸대요. 우산 자루로 툭 쳤다고 해서 밤에 20명이 일본도를 들고 와서 오도감 집에 들어가서 행패를 부리고. 그런 기록들이 다 있어요. 그 기록의 끝부분에 그럼 오도감은 지금 어디 있느냐 하니까 전라도에 있다. 이제 제 짐작에는 울릉도 도감이었지마는 한번 씩은 거문도로 왔다 갔다 하지 않았나 그렇게 생각이 됩니다. 그게 1900년에 딱 1900년에 공동조사를

하고는 일본인이든 조선인이든 나무 베서 배 만드는 거를 다 금지시켜버렸습니다. 금지시켜버리니까 거문도 분들은 거의 일시에 이쪽으로 (거문도로) 와버린 거 같아요. 와버렸는데 그런데 일본 벌목공들은 그 말을 안 듣고 계속 나무를 베 갔지요. 그러다 보니까 대략 1903~1904년 돼서 울릉도 나무가 다 황폐화 돼버렸지요. 일본 벌목공들이 크게 베가니까. 그래 인제 그 후에 울릉도 개척령 이후에는 개척령으로 농업하러 간 사람들은 안 싸웠습니다. (벌목으로 나무가 없어져서 더 이상) 싸울 일이 없었습니다.

이귀순: 그럼요.

조사자: 거문도 분들은 배를 만들어야하니까 계속 싸운 겁니다. 그 그것도 두 가지지요. 그전에 지킨 거하고 만약에 (일본 벌목공들과) 안 싸웠더라면 우용정 보고서가 안 올라갔습니다. 기록도 안 남았어요. 근데 결국 싸웠기 때문에 보고서도 올라가고 독도에 대한 기록도 거기서 생긴 거죠. 거기다가 인제 또 세 번째는 여기 두 분이 김윤삼 어르신하고 박운학 어르신 두 분이 1962년하고 1963년에 한 분은 민국일보라는 신문에 인터뷰를 해서 크게 기사를 냈고. 한 분은 조선일보에 기사를 크게 냈습니다. 이제 남은 게 회장님 세대에서 좀 이렇게 다음 세대한테 증언을 좀 기억을 더듬어서 많이 해주시면 저희들이 최종 마무리 정리를 잘 해서 이걸 남길 수가 있을 것 같습니다.

이귀순: 아 아니 그런데 업적을 남기시려고 하니 그러신데. 그때도 독도박물관에 가서 박물관 측에 뭐라 한 걸 들으셨죠? 아니 우리 할아버지가 울릉도를 다니시다가 그 했을 때, 10년 전에 여기를 왔을 때 내가 홍두깨를, 울릉도 나무로 만든 거 홍두깨를, 대대로 이렇게 쓰던 것을 울릉도에 전시를 하고 돌려주면 안 되냐고 그래서 내가 오케이 승낙을 했지요. 그랬는데 이번에 가서 그걸 보니까 없어요. 그랬더니 이제 알고 보니까 독도박물관에 있을 물건이 아니잖아요. 울릉도 나무니까. 그래서 뭐 인자 우리가 간 거는 독도 박물관이고 울릉도 박물관은 따로 뭐 지금 만들고 있다네요.

조사자: 네 따로 짓고 있습니다.

이귀순: 그러니까 그랬는데 지금은 별도로 이렇게 만든다고 해서 그리 옮길라고 그 했다고 그러데.

조사자: 예.

이귀순: 그래서 나도 좀 이제 안 좋은 그걸 못보고 오니까 마음이 안 좋았지요. 네 그때는 어디에도 전시가 안됐던 것 같아요. 뭐 공사한다 이래가지고. 네 그거를 이해를 하고 왔지마는 정말로 맘이 안 좋더라고요.

조사자: 네 그분들이나 독도를 연구하는 사람도 이 이게 (물증자

료가) 얼마나 중요한지 그걸 잘 인식하지 못하는 것 같습니다.

조사자: 근데 이제 조선 중기까지는 저 쪽 동해 쪽에도 울산이나 저 쪽에서도 많이 갔는데 그게 인제 출항지를 아마 단속을 했을 것입니다. 출항지에서 단속을 하니까 동해쪽 삼척, 울산 예 그쪽은 안 갔던 겁니다. 거기에 꾸준하게 간 게 이제 흥양, 장흥, 순천 그 때는 여수가 아예 여수라는 명칭이 없었지요?

이귀순: 예.

조사자: 거기 분들이 계속 간걸로 기록이 많이 있습니다. 지금 1700년 조선 정조 때, 정조라 그러면 한참 전 아닙니까? 예 정조 때 그 프랑스 탐험대가 (울릉도에) 가보니까 조선인들이 배를 만들고 있었다. 프랑스 기록에도 나옵니다.

이귀순: 그 조선인이 삼도 사람이여. 거문도 사람들이지.

조사자: 거기에는 프랑스 사람들이 뭐 조선인으로 되어있지요. 돼 있는데, 뭐 그 비슷한 시기에 이 조선 기록에 보면 이규경(李圭景, 1788~1865)이 쓴 『오주연문장전상고(五洲衍文長箋散稿)』라는 책이 있습니다. 거기 보면은 호남인들이 배를 만든다는 기록이 있어요. 정조 때. 호남인이 배를. 그거는 그 거문도분들이 가서 배를 만들고. 그 (배를

만든) 역사가 기록이 없어 그렇지 상당히 오래 되지 않았나 싶습니다.

이귀순: 예 긴 세월동안 울릉도를 다녔어요.

조사자: 김윤삼 어르신의 그 할아버지 그 이전부터 갔을지도 모릅니다.

이귀순: 그 말기라. 울릉도 다녔던 후기라. 그 저저 윤삼 씨라던지 그런 분들은. 그 할아버지를 우리가 아는데, 윤삼이 할아버지를. 우리가 내가 17살 때 여기 이서기를 했어요. 그 때는 우리 마을이 크니까. 이서기가, 서기가 둘이었어. 그 때만 하더라도 벌써 아는데 기억이 나는데. 그 할아버지. 그라고 박정희 때 그 저 군사혁명 때 그 저 대통령 되기 전에 중앙 뭐 뭐 했었자나. 국가재건최고회의 의장.

조사자: 그게 61년, 62년 그때쯤.

이귀순: 응. 그때만 하드라도 일본 애들이 거 해가지고 (한일회담) 했을 때만 하더라도 (여기에 조사를) 보냈고.[3] 그 그러니까 그 (김윤삼) 할아버지를 우리가 아는데, 그러니

---

3) 5.16 군사혁명 초기 정부에서 거문도 사람들이 울릉도·독도를 왕래한 사실을 확인하기 위해 거문도에 와서 조사를 해갔던 사실이 있음.

까 (조선시대) 말기라. 울릉도, 삼도 사람들이, 거문도 사람들이 쑤욱 위에서부터 내려온 조선시대 후기에 윤삼씨가 울릉도 · 독도에 왕래한 것이라. 우리 할아버지들하고 연령을 비교하면 말도 못하게 차이가 있지. 한 백년 가까워… 뭣이 되는데.

이귀순: 우리 할아버지도 저 울릉도 가서 저세상으로 가셨어요. 그러기 때문에.

조사자: 방금 박정희 때 국가재건최고회의 그 당시에도 뭘 하셨다고 그러셨는데 뭘 하셨는데요, 그때?

이귀순: 아니 그 인자 그 당시 중앙(정부)에서 울릉도하고 거문도하고 관계가 있다는 거를 그거를 조사를 하러 왔을 때 제공을 해 준거예요.

조사자: 아~

이귀순: 네 그래서 그 저저저 박정희가 아직 대통령이 안 됐을 때지 그때는. 그래서 그 회답도 오고 그랬어요.

조사자: 그러면 국가재건최고회의에서 울릉도와 거문도의 관계에 대해서 뭔가를 조사를 했고.

이귀순: 네.

조사자: 조사에 대한 회답을 김윤삼 할아버지께서 하셨어요?

이귀순: 네. 그니까 이런 식의 조사는 뭐 수십 년 동안 이전부터 쭈욱~ 쭈욱 했지요 허허.

조사자: 정부에서 그렇게 했다는 겁니까?

이귀순: 예 정부에서 아마 한 것 같애요. 그랬으니까 그 어 정부에서 했겠죠. 그러니까 최고위원 할 때 그걸 보냈지. 한일 회담 그런 뭐 뭐 거 관계로 그런 문제들을.

조사자: 아~ 그런 자료 수집 차 했을 순 있죠. 여러 번 했겠죠.

이귀순: 대통령이 되가지고, 어 최고회의 의장 때니까 한일회담은 안했죠. 대통령이 되고나서…

조사자: 65년도니까 대통령 되고 나서지요.

이귀순: 되고 나서 했어.

조사자: 그 당시 박정희 대통령 초기하고 전두한 대통령 초기에 조사가 있었다는 말씀이신 거 같은데…

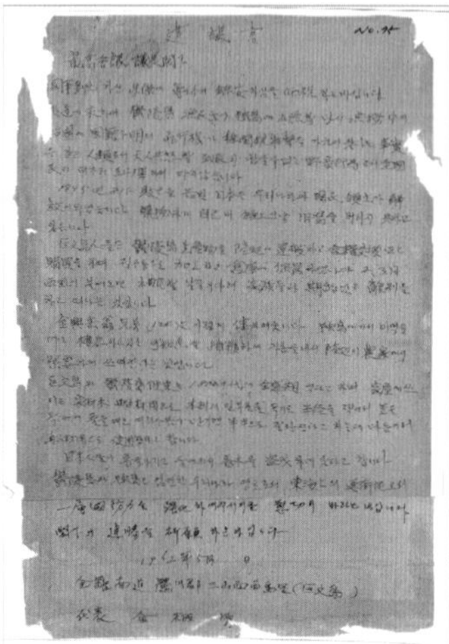
建議書

국가재건 최고회의 건의서 –
김병순(1962.5)

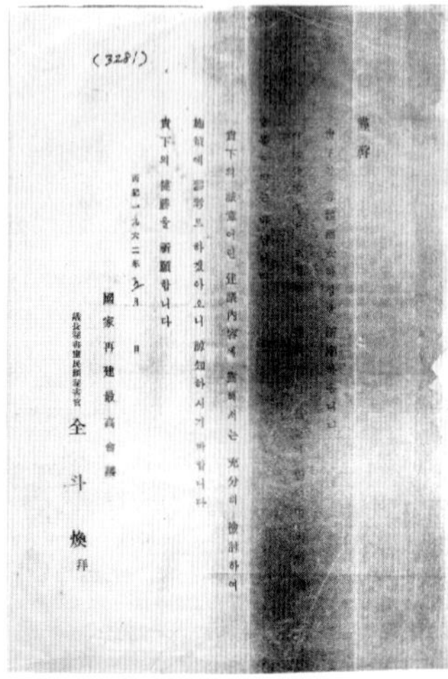
(3281)

貴下의 誠意어린 建議內容에 對해서는 充分히 檢討하여
施策에 參考로 하겠아오니 諒知하시기 바랍니다
貴下의 健勝을 祈願합니다
西紀一九六二年 五月 日
國家再建最高會議
議長秘書室民願秘書官 全 斗 煥 拜

국가재건 최고회의 비서관
전두환 답신(원본, 1962.5)

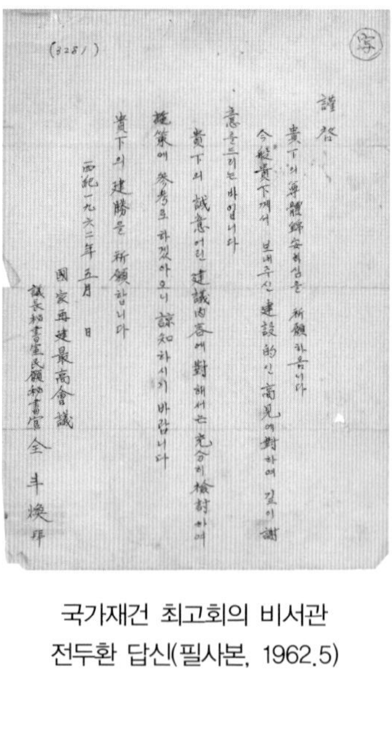
(3281)

謹啓
貴下의 尊體錦安하심을 祈願하옵니다
今般 貴下께서 보내주신 建設的인 高見에 對하여 깊이 謝
意를드리는 바입니다
貴下의 誠意어린 建議內容에 對해서는 充分히 檢討하여
施策에 參考로 하겠아오니 諒知하시기 바랍니다
貴下의 建勝을 祈願합니다
西紀一九六二年 五月 日
國家再建最高會議
議長秘書室民願秘書官 全 斗 煥 拜

국가재건 최고회의 비서관
전두환 답신(필사본, 1962.5)

이귀순: 그 그러니까 인제 그 이따가 다음에 오면… 내가 아까 기다리는 그 형님(김충현－김윤삼 노인의 손녀 사위)이 잘 알아요. 그 관계는.

신황현: 태수, 태수가 그 자기 아버지 김병순 씨가 적어놓은 거 울릉도 관계라던가 이런 거 뭐 수십 권이 되더라구요. 지금 태수가 정리를 하고 있거든요. 그런데 때마침(교수님들이 오셨네요).

신황현: 어저께 (여수에) 갔어.

이귀순: 어제 여수 집에 나가부렀어. 있었으면 좋았을 건데.

신황현: 2월 5일쯤 오신다고요? 그럼 그 때 아마… (거문도에 와 있을 겁니다.)

조사자: 예 아침에 안 그래도 통화했어요. 다음에 왔을 때 뵙자고 말씀드렸어요.

이귀순: 그 때 인제 그 김병순 씨하고 김동규 씨하고 두 분이 울릉도를 가서 나름대로 이렇게 어떤 관계가 과연 있는가 하고 갔어요.

조사자: 그 인제 제가 조선 시대 기록을 보면은, 조금 이제 거문도분들과 개척령 이후에 건너간 분들하고는 상당히 이

질적이었습니다. 그분들은 농사만 짓고 또 세금을 개척령 때 서로 별로 안 갈려고 하니까 세금을 5년 동안 다 면제를 해줬어요. 농업하는 사람들은, 개척령 이후에. 근데 거문도는 받았어요. 배 하나당 한 백 얼마 백십 받고 미역에 대해서도 뭐 오 전인지 뭔지 받고.

이귀순: 몇 냥.

조사자: 예 오 냥인지, 배하고, 배 만드는 거 하고 미역에 대해서만 세금을 받았습니다. 거문도분들만 세금을 냈어요. 그니까 이 농업하는 사람들하고 거문도분들은 상당히 이질적이었지요. 그런데 배 만드는 걸 1900년에 금지를 시키니까 거문도분들이 거의 아마 일시에 이쪽으로 와버렸으니까 이 기록이 단절이 돼버린 겁니다. 그쪽 사람 구전으로도, 그 농사짓는 사람들 구전으로도, 제대로 안 전해졌던 것 같아요 울릉도에서는. 그러니까 이제 (전라도식) 지명만… (남은 거지요.)

이귀순: 그러니까 여기서 인제 그… 이 월 삼 월이 되면은 삼사월이 되면 마바람이 많이 불잖아. 남풍이 많이 주로 불잖아 봄바람이 이제 남쪽 바람이. 그러면 그 전에 인제 그 가보셨으면 알지만은 저번에도 내가 울릉도 가서 이 얘기를 했지만은. 거기에서는 미역이나 이 해조류를 (채취)하면 늘 바위가 없잖아요. 이게 자리가 없잖아요. 미역을 말려야 될 꺼 아니에요. 말리는데 울릉도든 뭐든

지형이 말릴 때가 없어. 그러니까는 거문도분들은 9, 10월에 저기서(울릉도에서) 와가지고 웃녘에(서해안을 따라 위쪽으로) 가가지고 그놈을 팔고 금강이나 영산강이나 그 심지어는 그 제물포 그러니까 마포까지도 가가지고 팔아가지고 곡식하고 이렇게 바꿔가지고 와가지고는 이 3, 4월이 되도록까지는 산에서 새[4], 풀, 거문도에는 무디기 수로 있으니까 그 놈 비어다가 이 뜸이라 그러지 그 이제 뜸, 그걸 보고 이제 뜸이라고 하는데 그걸로 이걸 엮어가지고 자리를, 자루. 자리를 만드는 거지 자리이 저 미역 말릴 자리. 그놈을 인자 말아가지고 인제 한 배씩 싣고 가야 거기 가서 그놈을 펴놓고 미역을 말려야 상품이 되는 거지요. 그래 안하면 어데 그 울릉도에, 요새로 말하자면 이 이런 말릴 데가 없잖아요.

조사자: 이런 멍석 비슷한 걸 그걸 뜸이라고 그럽니까?

이귀순: 그렇게 네, 그렇죠 멍석, 그런 게 뜸이에요 뜸. 그걸 만드는 게 여기서는 일이라, 울릉도를 갔다 오면. 그러면 온 가족들 뭐 이웃들 그 동원해가지고 산천에 가가지고 그 새(억새)나 뛰를 비어다가 뜸을 만들어가지고 또 인자 그때 당시는 우의도 되지 그 뜸이. 예, 비가 왔을 때 입는…

4) 억새풀을 지칭함.

신황현: 농촌에서도 많이 썼잖아요.

이귀순: 예예 도롱이라고 그래요. 그런 식으로도 그걸 많이 썼지요. 그러니까는 그것도 했었지만은 우선 거기 가서 좋은 미역을 상품을 못 만든다는 거야. 이게 그러니까 그놈을 해가지고 가야 바위에다가 펴놓고 걸쳐놓고 거기다가 널어야 (상품이 되요). 그거 일이 바빴대요.

조사자: 아, 네.

이귀순: 울릉도에 다닌 이 배 선주라던지 이런 사람들은 그러니까 동네 사람들을 동원을 시켜가지고 산에 가서 그 새하고 뭐 이런 거를 베어다가 뜸 그거 만드니까 그게 일이었어.

조사자: 예에.

이귀순: 그래갖고 이제 3, 4월이 되면 바닷 새(억새로 만든 뜸)가 나오면 울릉도로 출발하고. 그라고 가면서 반드시 부산포 그니까 부산포나 뭐 저저 우리가 갔던 데가 어딘가?

조사자: 장기, 장기 아닙니까? 포항 장기.

이귀순: 예예 포항 거기는 이야기 들어보니까 잘 안 들어갔더라 그래. 거기는 파도가 그거…

조사자: 임시 피항 할 때 그 쪽으로 갔는 거 아닙니까?

이귀순: 피항 할 때나 또 오다가 바람 세기가 바뀌면 거기서 인제 거 울릉도에도 대풍리라는 데가 있다고 지명에 안 있었습디까? 거 바람이 나도록까지 기다린다는… 기다릴 대자. 그런 식으로는 이용했는데 뭍에 사람들하고는 별로 그걸 안했고 어쩌다가는 미역을 많이 해가지고 어이 오다 이제 못 말리고 온 거는 오다가 삼척 같은 데 그 저 이제 갯벌, 저저 모래사장, 모래사장에 뚬을 널고 말리고 오고 그랬다는  얘기도 있고. 그러는데 인자 문제는 울릉도를 거문도 사람들이 가기 전에, 아니 간 이후로 농사를 짓든지 뭐를 했든지 했던 사람들은 거문도 사람들이 가면서 부산이나 이런데서 농사 없고  그런 이제 그 때만 하더라도 부산이나 삼척이나 이런 데는 농사 없는 사람들은 참 어다데 상놈들이고 그 그한 사람들 아닙니까? 나머지는 머슴도 살고 뭐 하는 것 보다는 이 얘기를 들으니까 그 사람들이 가면 약초도 캐고 뭐 하고 하니까는 그럼 나도 좀 실어다 주라 이제 그렇게 해서 운반해서 간 사람들이 많고 그것이 기초가 됐다고 그래요. 그래서 가면 그 사람들이 인제 일 년 우리가 갔다 오도록까지 그러면 너네가 약초를 캐놔라. 응 약초를 캐놓으면 캐서 이렇게 이렇게 만들어서 이렇게 해놔라. 그러고 인자 식량을 주고 오는가봐요. 예 우리 할아버지들이, 삼도 사람들이 그 분들 싣고 갔던 싣고 갔던 사람들을. 그러면은 인자 그 놈을 먹고 그 사람들이 인제 그 약을 캐

가지고 이렇게 장만을 해놓으면 거문도 사람들이 다시 인제 싣고 와서 그 때 당시만 하더라도 산약이라는 것이 마포나 이 금강이나 그 저저 영산강 같은데 이게 농촌에 이런데 가면 고가거든 이거는 이기 뭐 뭐 산삼이 됐든 뭐 뭐 더덕이 됐든지 간에 지금이야 흔하니까 그러지 그 때 당시에는 벼농사만 짓던 사람들이기 때문에 이 전라도의 저 남북도라던지 이쪽은 악산이, 산이 없잖아요 지리산 인제 여기서부터 경남하고 이렇게 갈려진 여기서부터는 산야가 많으니까 약초고 이런 게 많았지만은 이쪽 농토는 농토도 넓지만은 그런 약초 같은 게 귀했죠. 그러니까 인제 자연히 고가로 팔 수 밖에 없어요. 그러니까 그 사람들이 해준 거는 가져와서 아주, 덩달아 이제 마포강 같은 데를 들어가면 서울사람, 한양사람들은 더더욱 이 약초에 대해서는 더 양반들이 더 소중히 여기고, 고가에 팔수가 있었고. 더욱 더 또 하나 인제 그 여기서는 상괭이 기름이라고 그러고, 상괭이라고 그러는데, 물개 기름, 그걸 이제 어유(魚油)지 소위, 어유를 만들어가지고 가면.

조사자: 그걸 상괭이라고 그럽니까?

이귀순: 상쾌이 기름인데, 여기서는 상괭이 기름이라고 그래요 허허.

신황현: 고래 종, 고래 종류지.

이귀순: 고래종류지요. 그러니까 돌고래가 됐든지 뭐이 됐든지 그렇게 이놈을 이렇게 통에 넣고 끓이면 이제 기름만 남잖아요, 그러면 인제 그 윤활유 역할도 하고 그때는 뭐 석유라는 게 우리나라에는 없으니까 석유라는 이름도 없었어요. 그랬는데 그놈을 이렇게 만들어가지고 가면 이거는 농촌에 가면 예 농촌에서는 조명이라는 것이 들기름 아니면 참기름 뭐 콩기름 요런 걸로 하는 건데, 그거는 뭐 먹는 거지 밤에 조명으로 이걸 쓴다는 거는 생각도 못했는데. 근데 인자 그 이 어유(魚油)는 가지고 가면 없어서 못 파는 거고. 부르는 것이 값이지. 허허. 우리 할아버지들이 이거 한 그릇 이렇게 떠주면서 쌀 한가마니. 그렇게 한가마니야 얼마든지 있지만은 이건(어유는) 없거든. 그러니 그렇게 떼돈을 버는 거예요.

이귀순: 그래가지고 쌀을 가득 싣고 이제 뭐 이렇게… 내려오다가 우리도 뭐 그 울둘목, 명량, 그 해남하고 이래… 인제 그 거기서 또 인자 쇼우마치, 일본말로는 쇼우마치라고 하는데, 물이 썰물이 되도록까지 밑물이 올라올 적에는 대기를 하고 있고… 우리 할아버지는 그 전에도 다녔지만은, 우리 할아버지는 거기서 돌아가신 거 같다고 그래요. 그게 뭐냐 하면, 여기서 웃녘 간다고 갔으니깐.

이귀순: 여기서는 울릉도를 아랫녘, (서해안) 위쪽으로 올라가는 것을 웃녘이라고 그래요, 그 말이 어떻게 되어있든 맞는 말이에요. 동해안쪽으로… 방향, 방향을 물어봐서 동서

남북의 그 뭘로 봐서… 그래서 아랫녘에서 이제 미역 싣고 갔으니까는 이제 내려올 것만 기다릴 것 아닙니까?

이귀순: 그러니깐 그렇게 해서 많이 실수를 하고. 또 뭐 그때 당시에는 아무리… 천측을 잘하고 뭐 하더라도 그때는 지금 연안항해지. 솔직한 얘기지. 이제 뭐 항법이라는 것이. 더군다나 여기는(신황현 노인회장) 캡틴(선장) 출신이거든. 그랬다고 하지만은, 뭐 그때 뭐 별을 보고 했겠어요? 별을 보고도 했겠죠. 하여튼 뭐 북극성을 보았던지, 뭘 했든지, 예 그렇게 했었지만은, 오다가다 풍랑에 많이 희생이 되고. 그래가지고 그 음… 선친들, 여기 선친들이 많이 희생됐어요. 살아남은 사람이 별로 없어요. 그 내왕했던… 자손들을 이렇게 보면…

조사자: 바다에서 좀 (많이 세상을 떠나신 거네요).

이귀순: 그렇죠. 그 고혼이 된 거지, 수중고혼이 된 거지.

조사자: 그 울릉도까지 직진으로 바로 가진 않으신 거네요.

이귀순: 그렇겠지. 바로 울릉도까진 직선, 직항은 안했다 이 말이지요. 가서 물 싣고, 주로 부산포나 삼척이나 이런데 가서 물 싣고, 뭐 하고, 생활필수품은 그런데서 많이 사 싣고 갔거든, 그러면서도 거기 사람들을 싣고, 실어다 준거지.

조사자: 그러니까 연안 항해를 중심으로.

이귀순: 그렇죠.

조사자: 구한말 조선 말기까지 대한제국 시기까지도 연안항해를 주로 하신 거네요. 원행, 원양으로 안 가고.

신황현: 아 그렇죠. 그럼요. 원양으로 갈 필요가 없죠. 울릉도로 가는데 부산을 돌아서 가기 때문에…

조사자: 어제 저기 석천사의 스님께서 여기서 바로 직항으로 갔을 경우가 많을 거다라고 얘기하시길래, 그런 일이, 그 당시에 그런 일이 있었을까? 뭐 있을 순 있겠다 싶었는데, 방금 말씀하신걸 봐서는 연안 항해를 통해서 이렇게 울릉도로…

이귀순: 예… 우리가 그 이번 박사님들이 발표하는 내용을 보면, 순천 낙안, 전라도 낙안이란 데에서, 그만(그러면) 거기서 어떻게 해서 거가(거기에) 울릉도가 있고 그만 거기를 갔겠어요? 문제는 우리 삼도 사람들이 가면서 돌산 돌산 바깥도리에 직행이 되고 소리도 있는 데에서 그리 가야 되죠? 그러니까는 이제, 가다가 연안항해를 해야 되기 때문에 여수 같은 데에서 물을 싣는다던지, 뭘 한다던지, 했기 때문에 순천 낙안 사람들이 순천포, 보성으로 해서… 그래서 그 이제 그 정보를 듣는 거지, 안 그렇

겠습니까? 정보가 있어야 가지, 정보를 어디서 얻었겠어요? 우리가 낙안 사람들이 울릉도를 가자니깐 삼도 사람들이 그 정보를 듣고 갔겠어요? 아니잖아요?

조사자: 예.

이귀순: 울릉도라고 해서야 섬 사람들 정보가 먼저지, 육지사람들, 농토를 가지고 있는 낙안 사람들이 그걸 먼저 안다는 것은 어렵잖아요?

조사자: 예.

이귀순: 상식적인 생각인데, 낙안 사람들도 여러 척 갔거든. 낙안 배도. 그럼 초도, 초도는? 초도도 우리보다 한 발이 가지가 더 가깝지만, 삼도사람들이 다니니깐 초도 사람들도 같이 간 거지. 초도 사람이 먼저 간 것은 아니라는 것이죠.

조사자: 왜 삼도 사람들이 먼저 갔을까요?

이귀순: 인제 삼도 사람들은 어떻게 생각을 할까? 섬에서 살아보니깐.

조사자: 육지에서 그만큼 머니까…

이귀순: 아니 섬사람들은 얼른 느껴져요. 우리가 지금 봄이 돼서 갯것을 가요. 개. 옛날에는 바다에 바위에 붙어 있는 해조류라는 것이 중요하다는 것을 몰랐잖아요. 돈이 된다는 걸 얼른 말해서. 쌀보다도, 그때는 쌀이 최고의 우리 자산이었어요. 근데 섬사람들은 쌀보다 더, 음~ 더 이득이 되고 더 수확이 되고 재물이 된다는 것을 섬사람들이 알았잖아. 그런데 또 하나, 우리가 여기서 하다가 초도를 만약, 초도나 손죽도를 갔다고 합시다. 거기는 그 지역 사람들이 지키고 있어요. 그럼 못하잖아요. 그러면 무인도로, 무인도로, 무인도로 찾아갔을 것 아닙니까? 자연히 그런 것 아닙니까? 그러한, 긴 세월 그러한 재물의 축적을 위해서 갔던 것 아니겠냐? 나는 그렇게 생각을 해 봐요. 여기서는 저쪽 동해 쪽 해로 고기 잡으러 다닐 필요가 없는 거예요. 이 황해 쪽으로는, 이쪽으로는요 바로 황해자나요, 이쪽이. 고기 잡으려면 거기 가서 군산, 목포 뭐 칠산포다, 뭐 이런 데는 매년 다녀봤거든. 여기 분들이 고기를 잡으러 뭐 칠산바다. 이런 데 까지는 전부 다 다녔어요. 그러다보니깐 이 항해라는 것이 그렇게 우리가 생각할 때는 울릉도가 그렇게 멀지만은, 우리 조상들은 그걸 그렇게 멀게 안 느꼈다는 거지요.

조사자: 그 어제 흥국사 조사 관계로 만났던 석천사 진옥스님도 그렇게 이야기를 하더라고요. 우리가 생각하는 것보다 훨씬 가깝게… (울릉도 · 독도를 다녔다고.)

이귀순: 그렇죠! 현재 육지 사람들은 비교를 못하지. 모르죠. 섬에서 살아 보고 섬에서 어릴 때부터 컸기 때문에, 그런 생각을 나도 하게 되는데, 육지에서 만약 그랬다고 하면 생각도 안했겠지, 뭣 하려고 거기를 뭣 하려고 갔겠냐 이 말이여. 그런 것 때문에 가서 보니까는 그야 말로 무인도니깐 (해산물들이) 그대로 썩어 떨어지죠, 그대로 있는 것, 이게 돈이거든. 여기에 거문도에서 살면서 여기 미역이나 뭐 다시마나, 전복 이런 게 돈이잖아요. 그런데 거기는 임자가 없으니깐 맘대로 하잖아요. 그러니깐 여기야 말로 우리를 살리는 섬이다라고 생각했던 것이지요.

조사자: 그러니까 보물섬으로 생각하고 간다. 그게 조선 기록에 두 번 나와요. 가지 말라고 해도 간단 말이죠.

이귀순: 그건 맞아요. 그렇죠. 보물섬이죠.

신황현: 초도나 손죽도에 비해서 거문도는 아무래도 어선들이 거기(초도나 손죽도)보다는 더 먼저 많이 발달을 했겠지요.

이귀순: 그렇지요 더 크고 발달했고. 거기(초도나 손죽도_)가 거문도보다 육지랑 가깝잖아.

신황현: 근데 초도나 손죽도는 그렇게 바다에다가 집중을 안 했

던 거 같아요.

이귀순: 안 했죠.

조사자: 아 같은 섬인데도?

신황현: 예. 섬인데도.

조사자: 그럼 나가는 바다는 더 많이…

신황현: 지금도 그렇지만은 거문도에 비해서 초도, 손죽도는 배가 얼마 없어요. 옛날에도 그랬고. 그러니까 아무래도 여기가 발달을 많이 했으니까. 그러고 모험심도 또 아마 강했지 않겠나 싶어요. 그 멀리 떨어져 있으니까. 살아갈라고 하다보니까 모험심이 강할 수밖에 없지요. 여기 초도 같은데 뭐 육지까지 고흥까지 삼십분도 안 걸리거든요. 근데 여기는 훨씬 멀잖아요.

조사자: 그러니까 편하게 사는 게 일인데 굳이 배타고 멀리 왜 가겠습니까? 육지에 가까운 사람들이.

신황현: 거기는(초도, 손죽도) 육지에 의지를 많이 하고. 여기는 인자 거문도는 근본적으로 선박에 의지해서… (살아 온 것이지요.)

조사자: 지리환경적인 요인이죠?

신황현: 예 환경, 환경 탓이겠죠 뭐.

이귀순: 그렇죠. 환경 탓이고. 인제 그런 뭐에서 후기에 오도감이 거기를 갔는데 그 분이 오도감이 된 게 인제 저가 듣는 이야기입니다만은 도감을 하여튼 뭐 공명, 이 공명이 되어있든지 뭐 돼있든지 간에 하게 된거는 임진왜란 때 얘기가 그 돌산진이 그 지금 여수에 그 진남관 아닙니까? 돌산진이, 거기에. 그러니까 그때는 여수 포구가 쪼끄만 했어요. 오히려 돌산이 그러니까 인제 해군, 전술상 그 돌산이 지금 저 진해, 그니까 통영이 인제 우리나라 해군 본부고 이쪽으로는 인제 그 저저저 돌산, 돌산이었었어. 그르니까 이제 그 다음이 어디냐 그라면 에 우리가 그 때 당시는 흥양현이였으니까. 흥양, 고흥, 고흥 관할이었으니까. 그르니까 인제 발포[5]라는 데 있제 내발이라는 발포가 있자나 고흥에. 거기가 중대본부고, 거기서 제일 가까운 곳이 인제 거문도, 거문도하고 제일 일직선상에 보이고 그래가 지금 우리가 인제 팔각정 있는 저 옆에 봉화대가, 임진왜란 때 있었어. 지금도 그 자리를 내가 봉화대를 만들어주라고 건의해도 시에서 잘 안 들어줘요.

조사자: 허허허.

5) 전남 고흥군 도화면 내발리. 조선 초기 해안 방어의 요충으로 축성된 발포만호성에 있음.

이귀순: 시에서는 돈이 많이 든다고 안 해주고 저 팔각정 저거를 뗄떠하니 저걸 우리가 내가 지어주라는 게 아니여. 시에서 저거 하나 해놓고는 봉화대를 안 만들고. 저 그 터는 내 욕심에 그 놈을 까가 전부 까뭉개가지고… 그 저 팔각정 진다(짓는다)는 거를 내가 반대를 했어요. 이거(팔각정) 없어져도 좋은데 여기 봉화대 만드는 게… (더 중요하다.)

조사자: 봉화대를 보존하는 게 더 중요한데 그걸 없애버리고 팔각정을 세운 게…

이귀순: 그래 짓는다 그러니까요. 이거는(봉화대는) 손 안 그했으면 안 그했지 이건 손 못 댄다고. 그래서 지금도 보존하고 있어요. 그런데 왜 그러면 저 산이 높지도 않는데 저기다 봉화대를 만들었냐. 바로 그 저 중대본부 흥양에 내발, 내발진, 그러니까 중대본부에 거기서 그 딱 문 열면 (거문도가)한 눈에 딱 보여요. 그런데 저 길을 올라가서 보면은 거기서 올라가서 보면은 이 거문도 만 안의 전경이 전부 보여요 한눈에.

조사자: 거리가 제법 많이 떨어져 있는데도 그렇습니까?

이귀순: 그래서 그냥 저기서 봉화대를 만들고 여기서 만약 연기를 핀다던지 불로 (신호를) 하면 그 중대본부에서 바로 한눈에 딱 보여요. 어 가리는 게 없이 딱 보여요. 그르니

까 이제 저기다가 봉화대를 만들었단 말입니다. 그런데 임진왜란 때 이제. 그래가지고 이 마을 여기가 저 이 동도에다가 거문진을 인자 해군, 이 저 막사를 여기다가 거문진이라고 지었어요. 지어서 뭐 삼 년만엔가 다시 임진왜란이 평정이 되니까 필요가 없었졌지요 수군이. 그 이 무슨 그분이 책임자로 여기로 왔어요. 여기 진장(津長), 거문진 장(長)으로. 소위 소대장으로 그 국가에서 왔는데 그 분하고 오도감 그 분하고 친했어요. 그러니까 우리가 알기는 오도감이 어디 과거 시험을 봤다던지. 어 또 뭐 유명한 그 어떤 아까도 말했지만은 여기 우리 서당 낙영재, 낙영재 아까 김양록 선생한테서 한문은 좀 배웠겠지요.

조사자: 말하자면 중앙에서 뭘 한 분은 아니다는 거죠?

이귀순: 허허허.

조사자: 중앙에 가서 뭘 한 분은 아니고?

이귀순: 아니여~ 그러니까. 그래서 얼른 말해서 어디 유학을 갔다거나 뭐 어디 다른데 뭐 뭐 가서 유명한 사람들이랑 교류를 했다거나 이런 게 없어.

조사자: 예.

이귀순: 그러면 그 분이 어떻게 해서 오도감이 됐었는가 하는 거는 그 여기 거문진, 그 그러니까 진장(津長)이겠지요. 그 분하고 아주 친했대요. 그런데 그 오도감이 다 그래요 나는 보질 못했지만은. 우리 선친들이라던지 이런 분들이 이야기를 하면 풍언서판이라는 사자어가 있잖아요. 사람은 우선 풍신이 좋아야 되요. 그 다음 말을 잘해야 하고. 그 다음은 글을 잘 써야 되고 하는 사자성어가 있잖아요. 그분이 풍신이 그렇게 좋았대요. 그러니까 누가 딱 보더래도 이건 감히 범접을 할 못하는 풍신이라. 그러니까 그 수군 그 저 이제 거문진 진장(津長) 어 그 양반하고 친한 거야 친했어요. 그러니까 여기서 철수를 하고 뭐 낙안진으로 갔든지, 낙안으로 갔든지 어디로 갔는지는 모르는데. 하여튼 그 분하고 그걸 같이 하면서 울릉도감 뭐 배 서류를 얻었던지 교지를 얻었던지 뭘 했든지 그런 걸로 생각을 우리 부락의 선친들은 그 인제 내가 그 열일곱 살에, 내가 얘기를 했지만은 이서기를 했을 때 그 때 당시에는 텔레비전도 없고 라디오도 없고 없잖아요. 그러면 해 지면 전부 유지들이 모여요 우리 이사무소에. 그분들이 전부 심심하니까 이제 거기 모이면 호롱불 켜놓고 거기서 앉아서 놀다가 가시고 그러면 나는 이제 그 어르신들 찬물 심부름 하는 거예요. 그러니까 그때는 웃방이 있고 아랫방이 있는데 좀 젊은 사람들은 아랫방 천시 못해, 딱 서열이 있어요. 그러면 우리는 나는 이제 웃방에도 제일 심부름 할라니까 문에 가까운데 있고 그러면서 그분들은 이 얘기가 지금 와서 생각

을 하니까 어떻게 보면 거문도 역사하고도 그래서 거기서 듣는(들었던) 이얘기(이야기)예요. 그분하고 그렇게 친했대요. 그래가지고 여기서 나가셨다고. 그런데 어느 날 이제 도감이 됐다고 그런 이 얘기를 듣는 바가 있어요. 그런데 지금 어디로 우리가 이제 실질적으로 이렇게 더듬어 봐도 그 분이 하다못해 장흥이나 순천이나 이런 데 가서 어느 유명한 서당이나 이런 데를 다닌 흔적이 없어요. 네 그런 것도 이제 다 그랬고.

조사자: 그러면은 거문진 진장 그 분의 천거나 추천 오로지 그것 때문에 오성일이 오도감이 되었단 말입니까 울릉도.

이귀순: 그르니까 인자 그분이. 기록에는 있는데 이 모 씨, 하여튼 그 분이 승승장구를 했겠잖아요. 가가지고 뭐 뭐 통영으로 뭐 어디로… 이제 해서 여기를  폐쇄를 하고 인제 철수를 했으니까 어디로 갔던지 간에 갔을 거 아닙니까? 그르니까 그 사람을 따라서 간 거지 (오도감이).

조사자: 아 따라서 이제 부하로.

이귀순: 어어 갔는데 그 사람이 경상도 쪽, 어디 쪽에 있는지 그 사람이 있는 데로 가가지고 어떻게 했든지 울릉도가 그 때 조정에서 알고 그 때 뭐 하는 그 때서 인자 연도를 보니까 정 박사님하고 연도를 이렇게 보니까 거기에 적중할 것 같애 여기가 폐쇄된 걸 보니까.

조사자: 네. 1900년에.

이귀순: 네 그러니까 맞아요. 그러니까 이제 따라다니다가 그러면 당신 풍신도 좋고 그러니까 그 때는 뭐뭐 육지나 어디 유명한 지역 같으면 몰라 정책적인 뭐 뭐시 있었겠지만 그때 당시에는 강원도 원래 울릉도가 강원도 그거였잖아요.

조사자: 거기에다가 강원도 분들이 울릉도에서 배 만들고 많이 사셨기 때문에 오도감…

이귀순: 그렇지요 그 분이 자기 선친들이 울릉도에다가 오려는데 자기는 자기 가풍이 그걸 못하고 아주 마음속으로 희망했던 그런 뭐거든. 그랬을 거 아닙니까? 저기만 갔다 오고 그러면 부자가 되고 그러는데 자기 능력으로는 뭐 저집 도감네 봐도 재산이란 게 뭐 큰 부호고 뭐 이런 게 없어. 그르니까 욕심은 나고 그 했는데, 그러니까 자연히 자기가 희망을 했지 마음속으로. 그러니까 했겠죠.

조사자: 일단 그래서 그 기록이 많이 있습니다. 심지어 독립신문에도 그런 기록도 있는 것 같아요. 독립신문도 한때 울릉도에 대한 기록을 막 썼으니깐. 거기도 오성일, 오상일 뭐 두 가지 이름으로 막… 황성신문… 독립신문…

이귀순: 한때는 이름이 뭐… 저저 두 가지로 되어가지고… 난해

하네 뭐 어쩌니 뭐 그런 때도 있었어요. 우리 울릉도. 그 거는 이제 다른 어떤 무슨 안 나오니깐 자연히… 울릉도 그 중앙 뭐에서 하는 거는 글씨가 획이 틀려가지고 그 사람이 아니다…

조사자: 그렇죠. 그런 때가 있었어요. 한글 저 또 오성일, 오상일 뭐 몇 가지 이렇게… 네.

이귀순: 오성익이라고 했지… 오성일이 아니다… 여기 사람은 오성일인데 그 뭐 중앙에 있을 때는 오성익인데 왜… 그런 말도 있었고. 그런데 사실 오성일이라는 사람이 거기 안 나타나고 그러니깐 다행히 이제 그건 글자가 틀렸어도 이분이 맞다라고 했는데…

조사자: 그 상당히 참 그분들이 이런 고초를 겪으면서 투쟁을 했기 때문에 첫째로 기록이 남았던 겁니다. 제일 저로서는 만약 투쟁을 안했으면 기록이 없거든요. 그러면 다 묻혀, 구전으로 전해오다가 없어버리는 거죠.

이귀순: 예… 오도감이 도감 (하기) 그 전에 거문도 사람들이 다니기 전에 안용복 그 분이…

조사자: 안용복 사건 때도 순천 배를… 순천 배로 갔다고 그래요. 순천배, 울산배, 부산 가덕도배 세 척이 울릉도에 갔다고 안용복이 증언했습니다. 그러면 순천배가 어디 것

이냐. 그때 여수가 없을 때지 않습니까? 여수가 순천부 소속일 때 순천 배가 거문도 배냐 여수 배냐 어디 배냐 하는 건, 그건 알 수가 없습니다. 알 수 없는데, 그 3년 후에 또, 3년 후에 안용복 하고 11명이 제 발로 갔어요. 처음에는 안용복하고 둘이 잡혀가지고, 3년 후에는 안용복이 제 발로 갔습니다. 갔는데, 11명이 같이 갔습니다. 그 중에, 다섯 분이 순천승 배이죠.

이귀순: 순천승.

조사자: 그러면 이름이 다 나옵니다. 뇌헌하고… 순천 승을 우리는 다 여수가 순천부에 있었다는 것을 전부 모르니까. 아 그냥 순천인가 보다. 근데 어딘지는 전혀 몰랐는데, 알고 보니까 흥국사라는 게, 2005년도에 딱 일본에서 나온 겁니다. 흥국사. 그러고 보니깐 제가 우연하게 이렇게 검색 같은걸… 어? 흥국사가 왜 여수에 있지?

조사자: 제가 집사람보고 순천 한번 갔다가 어? 흥국사가 여수? 순천인데 왜 여수이지? 한번 가보자. 예? 여수에 있는 흥국사를 갔어요. 가서 표 파는 할아버지에게 물어 봤어요. 여기가 흥국사가 원래 순천에 있었냐니깐, "어 아닌데요?" 어? 이상하다. 그런데 해설사(안내원)한테 한번 물어 보라는 거 에요. 해설사한테 물어 보니깐, 그 젊은 해설사가 "아. 여수는 원래 예전에 순천부 소속이었습니다." 야. 새로운 자료를 찾았다. 그래서 보니까는 안용복

때 그 이전부터 갔는데, 그 기록상은 그때 이미 여수 거문도로 추정되는 순천부 소속 여수 분들이 한 배를 타고, 안용복은 울산 배, 여수 분들은, 여수 사람들은 그… 순천 배를 타고 갔던 겁니다. 부산 배 하나, 세 척이 갔어요. 세 척이 갔는데 그 중에 한 척, 안용복이 탄 배, 두 사람을 납치해 간 거죠. 예, 그러니까, 그 방금 말씀 드린, 3년 후에는 다시 순천승 다섯 명, 거기다가 또 낙안인이라고 또 있어요. 김성률 우리 실록에도 나옵니다. 낙안인,

이귀순: 낙안인이 그거이 순천인.

조사자: 그러니깐 순천에 하면 여섯 아닙니까? 다섯, 여섯 분이고. 그 다음에 평산 포인 이진사, 평산포가 바로 남해. 남해인데, 우리 승정원일기에 보면은, 순천승 뇌헌의 오촌 조카였다고 합니다. 예. 그러니깐 일곱 분, 일곱 명이, 11명중 일곱 명이, 이 순천승 휘하에 있는 이 일대, 열한 명 중 일곱 명이 순천승 휘하의 이 일대의 사람들이 간 겁니다. 네. 그런데 우리 기록에는 안용복이만 다 한 걸로 되고, 이쪽은 그냥 뭐 그냥 뭐 꼬임에 빠져서 장사치 중의 꼬임에 빠져서 갔다는데 그래 우리가 어제 거기 갔잖습니까 흥국사, 가서 보니까 그 흥국사에는 300년 동안 승병 300명이 계속 주둔을 했더라고요. 딴 데는 다 임진왜란 때부터 예 송광사는 다 임진왜란 끝나고 승병제도가 없어졌어요.

이귀순: 승병제…

조사자: 예 거기에는 승병들이 300명이 계속 주둔했어요.

신황현: 아 저저 임진왜란 때 그 저 흥국사에서 저 뭐 저 했잖아요.

조사자: 예, 맞습니다. 예 그러니까 다른 절의 승병들은 전란이 끝나고 없어졌는데 흥국사는 계속 있었고 그걸로 보면은 정확하게 거의 100년 후에 다시 승병 다섯 명이 출동한 거 아니냐? 지금 이렇게 보고 있지요.

조사자: (사진을 보여주며) 이 분 혹시 아십니까? 김 윤자 성자 분이신데.

거문도 사건 당시 장촌마을 촌장이었던 김윤성 옹 (1831~1904)

이귀순: 예. 이 분이 이제 1885년 청나라 수사 정여창이가 왔을 때 우리 마을에 그 저 촌장이었어요. 촌장인데 이분하고

대담을 했어요.

조사자: 김윤삼 할아버지?

이귀순: 아니 아니 아닙니다.

이귀순: 이 분은 인제 1885년 영국 애들이 여기 점령해가지고 하니까 우리나라가 능력이 없으니까 청나라에다가 그(요청) 해가지고 이홍장이 외무대신이었었죠. 청나라에. 이홍장이가 정여창이에게 수사를 가가지고 그 내사를 해라. 삼도를 가가지고, 그 섬에 가가지고 영국 애들이 어떤 횡포를 하는가 봐라 하고 이제 시찰을 여기 검사를 하러 왔지요. 와서 우리 마을에 아까도 이야기했지만은 여기가 인제 면소재지니까. 그 때 당시만 하더라도 그르니까 그 때 촌장이에요. 이 분이.

조사자: 예, 1885년도에 촌장.

이귀순: 예예 촌장 이 분하고 정여창이하고 대담을 했는데, 정여창이가 우리 촌장보고 그러니까 인제 그 때 당시 아까도 얘기했던 김양록 선생은, 동문교관 그런 분들은 살아계셨어요. 그러니까 뒤에 전부 배열해서 앉아있고 촌장이 나와서 대표로 막 그 필담을 하는데. 그 때는 이제 대화가 안 되니깐 집필, 붓으로 이렇게 필담을 하기도 했지요. 그러니까 이분한테 이거 말년 그때가 이 분이 40대

40댄데, 옛날에는 70이 고래희의 시절이니까. 그 때 당시는 그르니 인자 저 정여창이가 이제 귀 하세야하고 우선 인자 본론이 들어가기 전에 당신 지금 몇 살 먹었냐고 이제 물은 거지. '귀 하세야'하니까 우리 그 이 촌장이'아세 사십여라'. 마흔 살 먹었으니까. 사십 세. 아세 사십여라고 했으면 여가 거문도가 안 됐는 거지. 그런데 '아세 처처 사십추'라고 대답을 했어. 그런데 글, 필담이니까 글을 써서 써줬을 거 아녀. 그 글 자체가 한문은 중국이 종주국이잖어, 중국 글이자나. 근데 우리 촌장의 글은 정여창의 글보다 더 명필이었어. 명필인데다가, 그'아세 처처 사십추'라는 문장, 내 나이가 벌써 슬프고 슬퍼할 처자 거든. 처처 슬프고 슬프게도 벌써 내가 사십 끝에 추, 이 사계절에 했을 때 추라는 것은 벌써 기울어져 가는 것을 의미하잖아요. 이 이걸 처처 사십추라고 그러니까 정여창이가, 그 때 당시에 정여창이가 한국 우리 조선 같은 것은 우습게 여길 때여. 안 그러겠어요. 그 때 국제간으로? 청나라가 우리 조선 같은 거는 속국으로서도 우습게 여겼는데. 더군다나 이 먼데 이렇게 떨어진 팔뚝만한 섬에 와서 이것들 뭐 사람들 살겠냐고 생각 안 했겠어요? 그런데 대답을 딱 하는데 이거는 저거 글을 쓰는데 저보다도 더 명필이여. 그런데다가 거기에 대한 문장의 뉘앙스가 거기서 깜짝 놀래. 그러니까 정여창이가 가서 자기의 보고서를 이홍장이한테 보고서를 보고 드려야 될 것 아닙니까? 그 보고서에다가 삼도라는 이름, 그 때 당시는 삼도니까 여기가. 삼도라는 이름을 잊어버렸는지 어쨌든지 그건 모르겠는데 클 거자 글 문자 섬 도자로 여기 표기를 해서 (거문도로 불렸어요).

조사자: 아까 우리가 배에서 내렸을 때 유래가 있었잖아요.

이귀순: 그래서 그 거문도라는 이름이 그 촌장이, 그 누구죠 김윤성. 그 자손들이 다 있어요.

조사자: 난 그래서 김윤삼 할아버지하고 무슨 관계가 있는 줄 알았어요.

이귀순: 아 그래서 그랬구나. 그런데 그 분이 인제 그래가지고 그 때부터 인제 그러니까 우리나라에서 누가 이거 조정이나 어데서 이거 만든 이름이냐? 어느 날 이게 거문도가 돼버렸는 거지. 근데 마치 요즘 뭐 역사 쓴다고 뭐 여기 요상한 사람들이 와가지고… 그러면 귤은 선생이 지금 다 유명하다고 그러지요? 저 저쪽에 있는 귤은 선생. 거문도 역사를 마치 그 분이 그냥 다 한 것으로 말하는데 아니에요. 1885년에 영국 애들이 들어왔는데 1882년에 저 분은 세상을 가셔버렸어, 귤은 선생은. 그런데 역사를 쓴다는 사람들이 어떻게 썼나 보니까 정여창이가 여기 오니까 글이 큰 귤은이라는 학자가 있어가지고 대담을 해서 그 글에 놀래가지고 여기를 거문도로 했다. 그런 거 부끄러운 거문도 역사를 말한 사람도 있어요.

이귀순: 그런데 다행히 그 분 근데 저 사진은 누군지도 몰랐지요 저게. 그러면 영국 애들이 여기 와가지고 사진을 찍어가지고 36장인가 38장인가 우리 전수관에 제일 먼저 그걸 전시했어요. 여수고 뭐 대한민국에서는 처음으로 우리가 전시를 했어요, 저걸. 영국, 영국 해군박물관에서 발췌(복사)를 했어요, 저걸.

이귀순: 그 때 당시 우리 거문도, 우리 이런데서 사진이라는 게 상상도 못하는 거지요. 근데 그걸 발췌(복사)를 해다가 우리 아까 전수관에서 이렇게 전시를 해놨는데. 이제 그 우리가 일 년에 한 번씩 경로회의를 해요 경로회의. 마을에 인제 노인들 경로회의 때 이렇게 하는데 경로회의를 하다가 그 사진 밑에 할머니 한 분이 앉아있었어요. 앉아있는데 경로회를 하다 어이 딱 보니까 사진이 있는데 자기 아버지 사진이거든.

이귀순: 그 전엔 누구도 모르제 저 분이 누군지 뭐 누구 할아버지고 누군지도 몰라. 아~ 그런데 이제 수영이 저거 어머니가 자기'아버지'하고 통곡을 하는 거라. 이게 역사 발견이야. 그래서 찾아보니까는 예 그 때 당시 장촌리 촌장, 촌장이었고 저 분이, 이름도 몰라, 인자 그 때는 촌장이라고 나와 있어. 그래서 그 할머니의 원적을 찾아보니까 그 (김윤성이란) 이름이 나오고 그 할아버지라, 그 때 당시 촌장.

조사자: 그 불과 얼마 되지도 않았는데 사실은 근데 다 잊어버렸지 않습니까?

이귀순: 그러죠. 다 모르죠. 관심이 없지요.

조사자: 그 할머니가 마침 자기 부친이니까 아는 거죠. 관심이 없었지요.

신황현: 그 할머니는 사진을 찍은 줄도 모를 꺼고.

이귀순: 그렇지. 이 뭐 어디서 뭐뭐 그 때 당시는 역사는 사진이라는 이거 보면 상상도 못할 때거든, 여기 사람들은. 더군다나 딸래미는 아주 어렸을 때고. 어 어디 갑자기 자기 아버지가 뒤에가 있은께 '아버지'하고…

(하하하)

이귀순: 그런데, 이것도 하나 재미있는 게 뭐냐면 이 할머니가 울 아버지 닮았더만은 설마 뭐 우리 아버지겠느냐라고 지나가버렸으면 지금 이런 것이 안 나온단 말이여. 아까 '처처 사십추'라고 하는 문장은 남아있어 지금. 문장은 남아있는데 누가 말했다는 거는 안 나와 있는 거예요.

조사자: 그 문장은 어디에 있습니까?

이귀순: 그러니까 그 기록에 전언, 전언에 있어. 이렇게…

조사자: 그 때 타고 다닌 배를 배 사진이 영국에 있다는데, 거문도 분들이 타던 배.

이귀순: 여 여 여기 가면 그 그림 그려놓은 거 있자나.

조사자: 아까 그 떼배, 전수관에 있었던 그 배 말이죠?

조사자: 좀 더 선명한 사진이 영국에서 그렇게 찍은 사진이

이귀순: 아니야 저거는 그 때 당시에 한선이라고 그랬는데. 우리 한국 배라고 그래서 한선이라 그러는데. 그 때 당시에는 볼트라는 게 없었잖아요 이… 쇠… 쇠, 못 이런 게 전부 없었잖아요. 그때 당시에는. 그러니깐 전부 대나무 못, 대나무로 못 대신에 대나무로 썼고, 볼트 대신, 이게 칡 넝쿨로 양쪽으로 이렇게 해가지고… 태릉개라는 건데, 우리 삼도 말로 태릉개라 그래요. 이렇게 돌려서 이렇게, 그 하면 안 벌어지게끔 딱. 그런 식의 배지요. 인제, 그러니깐 이 얘기를 들어 보면 할아버지들이 가면, 일본 애들한테 톱 하나씩, 톱, 일본말로는 가니기리, 그 가니기리, 톱 하나씩 얻으려고 막 했고. 그때는 우리나라가 톱이라는 게 있는데, 아주 귀했데요. 양철판으로 톱날을 이렇게 만들어서 했다는 게, 참 귀했는데. 그것도 전부 일본에서 들어온 거이고…

조사자: 아… 그러면 나무를 자르는 걸 도끼로 했나 보군요.

이귀순: 도끼로 두 쪽으로 부딪혔죠. 지금 우리자리에 벽에 그려진…

조사자: 그러니깐 그게 이제 영국 애들이 찍어놓은 우리, 거문도 배에서.

신황현: 저 쪽 벽에 그려져 있어, 집 앞의 벽에.

이귀순: 그런데 이제, 저 배에는 우리가 이 여기서만 다니는 농사용, 농토도 이 마을에 있고, 저 유리 밑

이귀순: 저, 지금 면소재지에 있는 저기는(현재의 고도) 무인도였으니까. 저기가. 저기가 농토로 가서 있는 사람들도 있고, 그라면 이 보리, 보리 같은걸 해 가지고, 보리때 되면 실어 나르고 했던 배에요. 여기 지금 영국 애들이 찍어서 해서.

조사자: 아 그러면 배 타고 전부 다 이렇게…

이귀순: 아 그 배는 농사용에 인근 이동할 때.

이귀순: 그때는 나무 같은 것도 겨울은 나무, 겨울엔 나무를 엄청 쌓아두고 불을 땠거든요, 동백나무로. 땔감, 그 전부 뒤

쪽에서 전부 실어서.

조사자: 그러면 울릉도 갈 때 간 그 배가 아니라는 거지요?

이귀순: 아니지. 그 배는 못가지고와. 그런 식으로 배를 크게 만들었다는 거지. 그렇게 그때 당시에도 아까도 말했지만 볼트나 너트라던지, 이런 게 일체 없었으니깐. 전부 대나무로 이렇게 못을 만들어서 그렇게 했고. 이쪽하고 이쪽하고 안 벌어지게 하는 것은 칡넝쿨로 이렇게 줄을 만들어서 이렇게 해가지고 가운데서 이렇게 감으면… 이놈이 오그라들게 아니에요? 그놈을 안 움직이게 딱 받쳐놓은. 그런 식으로 이렇게, 그런 배를 타고 울릉도를 다녔으니 참. 뭐 이게 뭐이 무섭고 뭐이 무섭고, 무식이 제일 무서운 거예요. 무식하니깐 그랬지. 허허.

조사자: 그런 배는 보통 몇 분 정도 탈 수가 있겠습니까?

이귀순: 뭐 배에 따라서 열 사람, 열두 사람, 일곱 사람 배도 있고, 그러니깐 여기서도 뭐, 지금도 단대인 배, 저 뭐냐, 골래내 배, 누배, 누배 다 그 배들이 있는데, 주로 그러니깐 우리 할아버지가 돌아가신 배는 열두 사람이 다니는 큰 배, 그런데 몰살을 했으니깐. 제사 날도 이거는.. 짐작을 해서 한 거예요. 그래가지고 1년에 이 마을에서 12집이 한, 하루 저녁에 같이 제사를 모셨어요. 우리 어렸을 때.

조사자: 그러니까 많은 분들이 바다에서 세상을 떠난 분들이 거의 한 절반 이상은 다 바다에서…

이귀순: 그러제, 암. 거의, 거의.

조사자: 거의… 절반도 볼 수 있는. 그 당시 세대로는. 그 회장님의 할아버지 세대는 절반 이상이 다 바다에서 (돌아가셨다고 볼 수 있겠습니다).

이귀순: 다 그랬죠. 예. 거의. 그러니깐 그 뭐 단대인 배에 해졌다 하면은.

조사자: 그러면 다 목숨 걸고?

이귀순: 그렇죠. 그러니까 저희 조부님 묘가 헛장이에요 헛장. 헛장인데, 참 우리 어려서 보면 바다에서 신(神)을 건져요. 시케이쿠시라고 해서 진도에 유명한.

이귀순: 아니 신만 건져서 그거에 참… 나 어려서 씻김굿을 하면, 그때는 여기는 없었거든. 그러니깐 그게 불러와야 돼. 그러니깐 큰 이 재산이 없으면 그것도 못해. 그렇잖아요? 그게 무당, 무당 뭐 서이, 너이, 또 뭐 심부름 그래가지고 보통 4인조 5인조 하는데, 그분들 일당 줘야지, 뭐 해야지. 뭐 하면, 지금은 뭐 한다 그러면 돈 천 만원 가까이 들어야 그걸 해요. 그러니까 그것도 버거웠다고.

그런데 나 어려서 할아버지 그거 혼 갔다가, 헛관을 만들어서 거기다가 해 가지고 묻었는데. 그런데 우리 조모는 할 수 없이, 헛장이지만 (할아버지) 옆으로 (묻히셨어), 나중에 돌아가셔서.

조사자: 그 조부님은 성함이 함자가 어떻게 되시는지 확실히 아십니까? 돌아가신 조부님은.

이귀순: 지금 저가 얼른 기억이 안 나네. 다음에 오면 알려드릴게요. 중자 양자,

조사자: 아 중자 양자?

이귀순: 사람 인 변에 가운데 중, 좋을 양자. 중양(仲良).

조사자: 그때 일본 기록에 보면 조선 거문도에 사는 사람들이 표류해서 이렇게 일본에서 구해서 본국으로 돌려보냈다고 하던데. 쭉 명단이 나오는 게 있어요. 나중에 한 번 보여드리겠습니다. 명단에 쭉 나와 있는데, 거문도 분들이 표류해서 일본 갔는데 이걸 구해서 김 아무개, 이 아무개 뭐… 명단이 있습니다.

이귀순: 그거는요, 아주 거리가 멀어요. 많았어요. 그때 일본에 표류 해가지고 일본에 가서 뭐 그냥 기록에 남기고 온 사람들도 있고, 배도 수선해 줘서 타고 온 사람들도 있

고, 그거는 풍선 이전에는 인제 배는 못 가지고 왔지만, 엔진이 생기고 나서도 나중에만 하더라도 여러 척, 그렇게 주로 가가지고 구주 반도, 구주. 구주 열도, 그리. 여기가, 여기서 부산 가는 거리보다 가까워요. 일본 구주가. 구주 열도가. 우리가 여기서 부산 가는 거리보다 저 코스가 더 빨라요. 111마일인가 되고, 여기는 110인가, 108마일인가 뭐 그렇게 될 거예요 구주. 고도 열도. 오도(五島) 열도가. 여기서 주로 이게 표류 했다 하면, 오도 열도. 여기서 아주 그런 게, 딱 우리 선친들은 그저 아 떠나갔다 하면 일본 고도에 가면 있다 하고, 많이 그러는데. 많아요. 많이 표류를 했어요. 그러니 울릉도는 여기서 어떤 풍랑에 표류를 해서 울릉도를 가서 발견한 거는 아니라는 거죠. 갔을 리가 없죠 저리. 일본이 이렇게 생겼잖아요? 그러면 이만 여기가 있는데, 지금 오도 열도는 이만 여기가 있어요. 그러니깐 하늬바람에 여기서 저 떠나가면, 표류를 하면 여기로(일본 큐슈 쪽으로) 가지… 그 거기는 뭐 별 바람이 불어도 갈 데가 아니에요.

조사자: 아~ 북쪽 (울릉도 쪽)으로는…

이귀순: 표류를 해서 간 무엇은 아니라는 거죠. 우리 거문도 사람들이. 울릉도를 가게 된 첫 동기는 표류한건 아니에요. 찾아 간 거지 찾아가. 탐색해간거지. 보물을 찾아서 간 거지.

조사자: 육지에서도 뭐 바다 조금만 나가도 울릉도가 보이니깐… 예. 그러면 독도 갈 때에는 인제 떼배타고 갔다고 그렇게 증언을 하셨는데, 그 떼배가.

이귀순: 떼배가 이중 떼배. 이중, 이중이고. 거기에 돛을…

신황현: 떼배에다 돛을 달고 갔죠, 그냥 노로 저어서는 못가죠.

조사자: 조그만한 배지만은?

이귀순: 이제… 그렇죠.

조사자: 울릉도에서는 독도 가서는 물개잡고, 미역 채취했으니깐, 어차피 큰 배는 독도에는 댈 수 없다 말입니다.

신황현: 조그만한 배, 떼배 면은 가는 것 까지만, 어떻게든지 가면 되니깐. 떼배를 거 갔다가.

조사자: 조그만한 배라도 노만 젓는 게 아니라 돛을 달아서…

이귀순: 돛을 달았죠. 뗏목이 이렇게 있으면 이중으로 이렇게 한다. 이놈이 부력이 되가지고, 이놈은 항상 위에 있잖아요. 그러면 떠 있잖아. 그러면 모든 생활필수품은 여기다 싣고.

조사자: 그래서 우리는 뭐 그때 뭐 그대로 한다 해서 그냥 돛을 안 달고 뗏목으로만 가려고 했는데…

신황현: 그건 잘못되었지.

조사자: 그때 그 방식대로 한번 가본다고 뗏목 저어서, 막 어디 가고 했잖아요.

이귀순: 그거는 상식이에요.

조사자: 떼배 그림을 한번 그려 주시겠습니까?

조사자: 육지 상식으로는, 뗏목타고 갔다 그러면은 뭐 압록강 수풍댐에 뗏목 쭉~ 그런 것만 생각하거든요.

이귀순: 아니요. 그것 위에다가, 위에다가

조사자: 그림을 한번 그려봐 주시겠어요?

조사자: 북한에서 뭐 나무 이래가지고 뗏목 수풍댐으로 쭈욱 내려 보내는 거.

신황현: 그건 아니고, 이건 이렇게 여러 개를 얽어가지고, 길게 끔, 그 사이에다가 쐐기를 박아가지고 못 움직이게 해 놓고, 그 위에다가 일단을 더 얹은 거예요, 똑같이 이단

으로. 그러니까 일단(일층)에서는 물이 올라오니깐 못살잖아요. 그러니깐 이단(이층)으로 물이 못 올라오게.

조사자: 나무는 그럼 어떤 나무로 하셨습니까?

이귀순: 나무는 굉장히 큰 나무들이죠.

조사자: 소나무 같은 이런 거?

신황현: 예 소나무.

조사자: 그러니깐 돛을 단 게 맞아요. 울릉도에서 독도 갈 때에도, 뗏목타고 갔다 그래도 돛을 달았다는 게, 이제 회장님하고, 두 분 회장님 말씀이(맞아요).

조사자: 회장님은 어렸을 때 그런 배를 보셨습니까?

신황현: 봤죠. 보기는 봤죠. 그때는 옛날에 우리 어르신 때에는 있었어요, 그런 배들이. 그것이 무엇을 했냐. 그러면은,

조사자: 그 연안 가까이에?

이귀순: 여기서 우리 마을에서 도(섬)의 바깥에 나갈 때, 미역 채취하고, 몰 캐오고, 자주 줬습니다. 몰, 말이라고 하죠, 말 캐고 뭐 몰 하고 저 미역 채취 그런 걸 할 때. 그 배를

가지고 사용했죠.

조사자: 그런 걸 채취해서 그냥…

신황현: 그냥 바로 실어버리면 되니깐 물이 아무리 올라와도 괜찮아요. 가라앉지 않으니까. 그때 그냥…

조사자: 그럼 그게 한 60년대 정도까지 이렇게 사용이 되었겠습니까?

신황현: 그렇죠. 한 60년대까지는 있었다고 봐야지요.

이귀순: (떼배 그림을 그리면서) 이게 그림이 되는가 모르겠다.

조사자: 울릉도에서 독도까지 갈 때 이 뗏목을 타고 갔다는 거지요?

이귀순: 그러니까요. 내가 그림을 잘못 그렸는데, 이게 수면, 수면에 있는, 그 위로도 뗏목을 이렇게 만들어서 위에다 이렇게 같이 세워요. 그러면 공간이 아닙니까, 물이 이렇게 들어올 수 있게, 수면이 되고. 노를 여기다 이렇게 해가지고 젓던지.

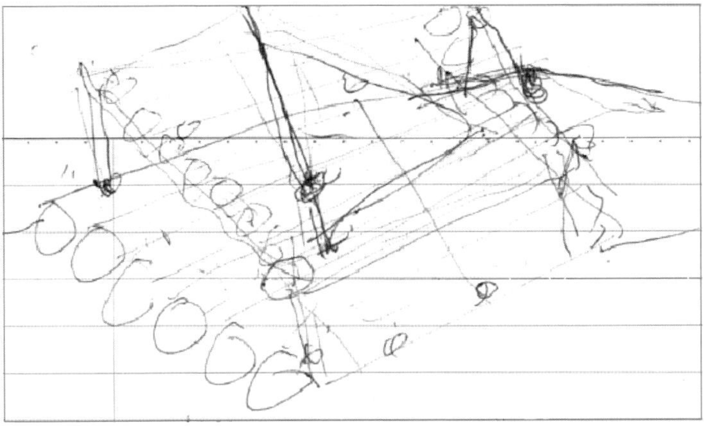

이귀순 회장이 직접 그려준 떼배 그림

2층으로 된 뗏목 배에 돛을 세우고 노를 달아서 울릉도와 독도를 왕래했다.
거문도로 돌아올 때는 해체해서 배에 싣고 와서 목재로 사용했다.

조사자: 노는 여 위에 2층에다가…

신황현: 노도 2층에 달고, 돛도 2층에다가 달아야지.

이귀순: 2층에서 밑에 하고 통과를 해가지고 돛대를 이렇게 세우지요. 그래가지고 돛을 이렇게 달면, 바람에.

조사자: 예… 이걸 타고 울릉도에서 독도까지 갔다니.

신황현: 오래 전에 그 한번 시험한다고 해가지고 국가에서 뭐 간적이 있었잖아요. 그래서 신문에 누가 돌아가셨다고 하

딘데 누가.

조사자: 맞아요. 통영에서 누가 그렇게 해서 목숨을 잃었습니다. 그때 그런 적이 있었습니다.

이귀순: 그 지금 저저저, 거문리 가면요. 그 체험학습 이라고 해서 뗏목을 만들어 놓은 거 있어요. 이중은 안 되어 있는데, 여기가 레저로, 레저로 인제 그 뗏목을 하고, 체험학습을 하라고.

조사자: 그거는 물가에, 바닷가에 떼배를 올려놓은 것 같더라고요.

이귀순: 그거는 저 우리 총무(정용현 씨), 총무가 면사무소에 있을 때 고안을 해서 만들어 놓은 거예요. 그러니까 오늘 가면 용현이 총무를 만나시오. 그러고 우리 모두 저 자료들이, 거기 전부 소장되어 있어요. 정용현이가, 총무가 가지고 있어요. 자료 같은 게 필요하면 그 얘기를 하면…

거문도 카페리 선착장 인근에 복원 전시된 떼배(2018.1.17 촬영)

거문도에서 본 조선 뗏목(『런던 화보 뉴스』, 1887.11.26.)

그림 출처: 백성현 · 이한우, 『파란 눈에 비친 하얀 조선』(새날, 2006).
울릉도에서 독도로 미역을 채취하러 간 거문도 · 초도 사람들이 독도 동도와 서도 사이를 왕래하며 미역 채취할 때 탔던 것으로 추정되는 떼배. 채취한 미역과 해산물은 떼배 2층에 실어 옮겼다.

조사자: 떼배를요, 울릉도에서 떼배를 만들어서 독도를 갔다 오시잖아요. 갔다 오시고 난 뒤에 독도 갔다 오고 난 뒤에, 그 떼배를 가지고 오시는 거예요? 여기까지? 아니면 버리고 오세요?

이귀순: 아뇨 안 가지고 오죠. 뗏목을 나무를, 해체를 해 가지고. 뗏목은 가지고 와도 떼배는 안가지고 와. 뗏목은 가지고 와. 그거를(떼배를) 해체를 하면 이렇게 빼 버리면 하나 하나 분리가 되요. 간단해. 그러면 그거(목재)를 이제 싣고 오면.

조사자: 목재(木材)지요?

이귀순: 어. 여기 와서 울릉도 떼배가 있는지, 우리 어려서만 해도 울릉도 그 저 나무 저, 뗏목이, 골목에 이렇게 쌓여있고 그랬었어요.

조사자: 그거(울릉도산 목재) 지금은 어디 없죠?

이귀순: 지금은 없죠. 지금은. 지금은 그때는 진짜 많이 쌓아져 있었는데… 그 좋은 나무들. 이런 이렇게 큰 나무를, 수기목이지, 산목, 산목인데 부력이 좋잖아요, 산목이 쓰기(좋잖아요).

조사자: 아 네~

이귀순: 예 배를 모을 때도 산목 좋았고 그래서 많이 가져왔지요.

조사자: 여기 어디 남아 있을 만한 게 없을까요? 어디 집안에?

이귀순: 그리고 인자 그 뭐냐 울릉도에 가재목, 집을 짓기 위해서 하는 그 나무는 그 인자 그때 그 할아버지들의 말이 거의 뭐 우리 학명으로는 거의 무슨 나문지는 모르는데 에 노간주라고 그랬어요 노간주. 노간주라는 그 나무가 지금도 끝은 이렇게 썩어가는데 지금도 이렇게 까보면 빨~개요. 그게 그 좋은 나무들이 거의 다 고가들에는 전부 그 나무들로 전부 짓지는 못했지만은 상기둥 제일 힘, 우리 한옥을 지으면 제일 힘을 많이 쓰는데 있잖아요. 그거 기둥들은 거의가 다 울릉도에서 그 좀 부잣집이고 잘 산다는 집은 그 노간주로 전부 그 했어요. 그 집이 지금 딱 한 채 남아있어요.

조사자: 어디 있습니까?

이귀순: 여기 이 마을에 있는데, 지금은 바깥에 전부 리모델링을 해가지고 몰라 없어.

이귀순: 지금 그 베니다를 발라가지고… 안에 벽에 전부 도배를 해버려서… 그때 보셨죠? 뒤안에 가면 기둥에 있고.

조사자: 집은 어쨌든 간에, 나무는 안보이더라도 집은 구경해보고 싶네요.

이귀순: 집도 전부 그 저저 그 때 저 와가가 아니고 전부 함석으로 전부 해서 해부렸어 몰라. 다음에 왔을 때 참고로 뒤 안으로 해서 내가 그거는 가서 저거저거 노간주나뭅니다라고 알려는 드릴게요. 이제 날씨 좋을 때…

일동: 허허허허허.

조사자: 그 외에는 뭐 예를 들어서 홍두깨를 만들었다던가 뭐 그런 거는?

조사자: 많이 있었겠지요?

이귀순: 많이 있었지. 다듬이 방망이. 뭐 홍두깨. 다듬이 돌, 뭐 그 노간주나무가 그렇게 좋아요. 지금도 빨~~개요. 내가 그 홍두깨.

조사자: 노간주나무가 단단한 건가요?

이귀순: 단단하지요. 아주 단단하지요. 몇 백 년이 돼있어도 속은 가만히 있어요. 빨~가니, 아주 그 저저~~

신황현: 빨랫방망이도 그걸로 다 만들었을까요?

이귀순: 빨랫방망이, 옛날에 그 좀 저 잘사는 집들에는 다 있었어. 그 그러니까 할아버지들이 인제 울릉도 갔다 오면서 항해하면서 심심하니까 뭐 홍두깨도 만들고 뭐도 만들고 했지요. (배타고 울릉도에서 거문도까지 오는 동안에는) 일을 안 하잖아요. 인제 그 긴 시간 동안에 오면서.

조사자: 한 번 갔다 오면은 몇 달 동안 쉴 때?

신황현: 아니, 항해하는 기간 동안, 기간 동안 할 일이 없으니깐 배 위에서.

조사자: 아~ 돛단배니까 배는 그냥 방향만 잡아놓으면 저절로 가고?

신황현: 그러지. 한 사람 키만 잡으면

이귀순: 응 키만 앉아서 잡고 그것도 교대로 잡고 쉬니까 이거 인제 만드는 거예요 그 뭐 물레도 만들고, 씨앗이도 만들고

조사자: 예~

이귀순: 베틀, 나 어려서 우리 집에 베틀까지도 있었어요. 울릉도 나무로 베 짜는 베틀.

신황현: 우리 집에도 있었는데 어디로 가버렸는지 모르겠네. (집집마다) 다 있었어.

조사자: 한번 찾아보이소.

일동: 허허허.

조사자: 그런 소소한 것도 간 김에 울릉도 나무 가지고 다 했단 말이지요?

신황현: 그러죠. 여기는 그런 나무가 없어요.

이귀순: 그런 목재를 가지고 오면서 이제 자기 집에 필요한 그 (가구를 만든 거죠).

조사자: 뭐 베틀 만드는 나무는 뭐 그렇게 아름드리 나무가 아닌데도 그 하여튼 나무 쓰이는 거는 기왕 간 김에 다 (만들었겠네요) 허허.

이귀순: 그러니까 노간주, 주로 노간주를 많이 썼다는 거지요. 다른 소나무나 이런 거는 금방 그 해버리니까, 삭아버리니깐 안 되고.

이귀순: 배, 인제 이렇게 배를 타고 오셔봤으니까 그러지. 지금 일본하고 제일 가까운 섬이잖아.

조사자: 예? 일본하고 제일 가까운 섬이라고요?

이귀순: 예. 바로 여기서 가면 일본이에요. 일본애들이 여기를 그렇게 욕심을 냈어요. 지금도 욕심을 많이 냅니다.

신황현: 그럼. 지리적으로 이렇게 만이 안에가 들어 있는 이런 섬은 진짜 세계적으로 없습니다.

이귀순: 없지요. 그러니까 영국 애들이 이렇게 욕심을 내고. 영국 놈 전에는 소련 놈들이 와서 욕심을 냈고…

신황현: 이렇게 큰 만이 십만 평방미터의 이런 만이 없어. 그리고 수심도 깊어가지고 배가 큰 배도 들어올 수 있거든요.

이귀순: 만 톤 이상의 배도 이 안에 정박이 가능하거든요, 충분하거든. 그러니까 자연적인 조건으로 이렇게 딱 바람을 막아가지고 섬 세 개가 이렇게 했다는 게 그러니까 영국 애들이 마카오보다도 여기를 더 욕심냈지요.

신황현: 소련 애들은 더 욕심을 냈지요. 부동항 때문에.

이귀순: 근데 영국 놈들이 선수 쳤지, 푸자친[6]이 먼저 왔지요 3

---

6) 1854년 4월 4일, 러시아 해군제독 푸차친(Putiatin)이 이끄는 함대 「팔라다호」가 거문도에 입항하여 러시아인 최초로 조선 땅에 기

년 전인가.

조사자: 그니까 영국 애들은 인심을 얻기 위해서 좀 신경을 쓴 거 같아요.

이귀순: 영국 놈들은 그 뭐 소련보다는, 소련은 뭐 땅이 넓으니깐 그렇게 그 안했는데 다만 이제 부동항 정책이라는 거 그 거 때문에 남하정책을 했고. 그러니까 푸자친이 여기 와 가지고 석탄, 그 때는 석유나 마찬가지지 석탄이. 그래서 석탄(기계)창고를 여기다 하나 둘란다 하고 허가를 해주라 그랬죠. 그런데 이제 마다했지요.

이귀순: 그것을 알고 영국 놈들이 그냥 재빠르게 와서 그냥 저거가 무단점령을 해버린 거야. 그러니까 참~ 하든지 말든지 그냥 조정에다 말을 안 하고 그대로 놔둬부렸으면 몇 년

---

항한 사건이 발생하였다. 이때 함께 러시아 함대에 탑승한 19세기 세계적인 러시아 작가인 이반 알렉산드로비치 곤차로프(Ivan Aleksandrovich Goncharov) 역시 푸차친을 수행하여 거문도에서 조선의 여러 가지 정황을 항해 일지 형태의 수기를 남겨 당시의 상황을 엿볼 수 있게 하였다. 이들은 4월 19일까지 모두 11일 동안 체류했다. 이들은 섬에 상륙하여 주민과 필담으로 대화를 하였으며 섬사람들도 팔라다호에 승선하여 대접을 받기도 했다. 당시 거문도의 큰 인물인 대유학자 귤은(橘隱) 김유(金瀏: 1814~1884) 선생은 푸차친 제독으로부터 조선과 통상과 개항을 요청하는 최초의 외교문서를 전달받았으며, 그 후 당시 상황을 파악할 수 있는 중요한 기록인 『해상 기문(海上奇聞)』(주영하 감수, 세종대학교 출판부, 1988)에 이 문서를 수록하였다.

그냥 영국 놈들이 놔둬버렸으면 우리가 여기가 참 예~

조사자: 영국의 식민지, 지금은 영국 쪽으로 되었을 수도~

(하하하)

조사자: 홍콩처럼 그렇게 될 수도 있었겠지요.

이귀순: 홍콩은 인자 정식으로 조차지 했지만은, 여기는 그냥 놔둬버렸어. 영국 깃발 심는다 그러면 그랬으면 되는 거였지.

조사자: 그러면 지금쯤 거문도가 안 남아있을 겁니다. 허허

조사자: 그 하여튼 저저 김윤삼 어르신이 거기에 대해서도 인터뷰한 게 뭐 카우보이, 뭐 벌써 그 때 벌써 영어를 했다 영국군이 있었으니까.

이귀순: 우리 어렸을 때도 그때 당시에 영국 사람들이 왔을 때 어린 사람들이었겠죠. 그런데 우리가 체류한 그 사람들에게 다 늙어가면서도 가루웩카고 뭐 스톤 판판하고 뭐 영어한다고요. 그럼 저게 무슨 말인가 했더니, 스톤 판판(물수제비뜨기)은 이제 그 히어링이 잘못돼서 그랬는데 스톤, 돌이잖아요. 물에다가 던지면 탁 이렇게 물 위에 판판하잖아요. 그래서 스톤 판판 이러고. 겟어웨이를

가루웩이라고 뒤돌아가라 그런 말들, 할로우 이러고…

이귀순: 그러니까 일본 애들이 얼마나 약싹빨랐나 그라면, 영국 애들이 들어왔을 때 들어옴과 동시에 일본 가시나들, 여자들이 저 유리미에 주막을 차려놓고 술을 팔았어.

신황현: 그 해수욕장이 있잖아요, 저쪽에, 유리미에.

조사자: 그 때 그 일본이 큰 게 영국 도움을 많이 받았었잖아요.

이귀순: 그렇지요. 아 그러니까 영국 때문에 일본 애들이 그렇게… 그리고 여기에 남아있는 팔 긴가 육 긴가 영국 영국군들 묘가 있어. 지금 여기 삼 긴가 남아있고. 나머지는 (영국으로) 가져갔잖아요. 저게 여기서 누구하고 전쟁을 했겠어요? 전쟁을 한 게 아니고, 전사가 아니고, 밤이면 그 함정에서 누각(주막)에 그 술 먹으러 헤엄치고 갔다 오다가 (익사해서) 그 죽은 애들이에요.

이귀순: 그리고 인자 또 하나 내가 지금 소유하고 있는 게 그 때 당시에 썼던 영국 애들 그 포환, 다 없죠. 나는 그게 지금 가지고 있어요.

조사자: 포환이면 안에 화약 들어있으면 신고해야하는데?

이귀순: 아니 그런 게 아니에요. 그냥 쇳덩어리예요. 그런데, 그

영국 애들이 오면서 여기서 엄호사격을 했어요. 이 섬사람들 놀라게.

이귀순: 겁 주는, 그래~ 위협사격. 그래가지고 여기 오자마자 소삼부도라는 데가 있는데 거기가 보면 높이는 이 옆에 산은 나무가 무성한데 노란 섬 그 빨건 게 오면서 거문도 입항하기 전에 막 포사격을 한 거예요. 그리고 여기 들어와서는 우리 마을 다리 넘어 조금 돌출된 데가 있어요. 거기다가 막 그 (포사격을) 했어요. 그래가 가서 보면 지금은 많이 없어져버렸는데, 나 어렸을 때 보면 그 포환이 박혀가지고 그대로 녹아서 썩어서 녹슬어서 없어지고, 그래서 빨개요 거기 지금 바위가. 그때 (사격했던) 포환을 내가 지금 소장을 하고 있어요. 영국 놈들한테 영국 대사관에 가서 보상 받을라고 그래. 우리 요런 흔적이 있다. 우리 마을에 이런 섬 하나를 이렇게 위협사격을 해가지고 그랬는데 그 그런 거잖아요. 보상 내놔라.

조사자: 보상해야지요. 이유 없이 남의 마을을, 일부러 위협 줄려고 말 안 들으면.

이귀순: 암~ 그래서 달싹 못했지. 그러니까 아주 우호적이었었다고 해요.

조사자: 그렇게 하고는 또.

이귀순: 그렇게 해놓고는 그 때 당시 그 그 저 사돈네 그 저 마을에 가면 그걸 내가 구경을 했고 우리 집서도 그걸 구경했고. 시셀, 시셀이 그 석유 회사 그 조개껍질 된 거 있지요? 쉘, 조개껍질, 그 때 당시 쉘이 지금까지도 영국에 있는 그 저 석유회사가 있잖아요? 그런데 그 때 벌써 그 사람들은 양철, 우리는 진짜 양철(洋鐵)이지, 서양이라는 양이고 철, 철이거든, 우리는 토기로 만든 이 도가니라든지 뭐 이런 것만 알았지 쇠로 그렇게 종잇장 같이 만들어가지고 그 깡통을 만들지는 몰랐지.

조사자: 양자가 서양할 때 그 양(洋)자이군요.

이귀순: 그러니까요. 양철지붕이라고 그러잖아요. 그러니 인자 그거 하나씩 얻으면 이거는 뭐 던져도 안 깨지고 하는 그 저 물동이가 어데 있어. 그래서 이거는 우리 어려서만 해도 몇 백 년이 지났어도, 백년이 넘게 지났어도 그대로 모셔놓고 좋은 쌀만 거기다가 이렇게 보관하고 그랬어요, 그 시쉘 깡통에. 그 때 이제 시쉘 깡통이라던지 통조림, 빵, 우리가 떡만 알았지 빵이 어디가 있어요. 카라멜이라던지, 이런 거를 인자 그 영국사람들이 참 빨랐어요. 여기 망양산, 이 앞에 있는 망양산에서 그 돌을 날라다가 그 지금 970미터 저 방파제를 만들었지요. 지금. 영국 애들이 벌써 그 작업을 했어요. 우리 그 지역사람을 이용해가지고 거기를 막어.

이귀순: 자기들만 아는 항로를, 거기 이렇게 넓잖아요? 그 970미터를 지금 막았잖아요. 그 기초가 영국 애들이 해 놓은 거예요. 자기들만이 아는 항로를 만들어놓고 그거를 다른 함선들 오면… 그 그렇게 했었는데 놓고 가버렸지요. 그놈을 기초로 해가지고 우리가 생활을 하다보니까 저게 너무 넓으니까 태풍이 온다거나 그러면 파도가 많이 들어오니까 이제 그놈을 막는 거죠, 막았죠. 그 970메타를.

조사자: 그럼 1930년 때까지만 해도 중일전쟁 발생하기 직전까지만 해도 영국군이 여기 왔었다고 그러더라고요.

조사자: 그 2년뿐만 아니라 그 후에도 자주 이렇게 거문도를 영국군들이 자주 왔다 갔다 했다고…

신황현: 네 그 진을 철수하고 난 다음에도 가끔 왔었다고, 그래서 와서 저기 그 묘에 제사를 지내고.

이귀순: 예 지금도 2년만엔가 와요. 와가지고 제사지내고 가고 그래요.

조사자: 영국 대사관에서 옵니까?

이귀순: 응 영국 대사관에서.

신황현: 그 전에는 군함이 들어왔어요. 그 전에는 군함이 들어와서는 다 (거수)경례를 하기도 하고~

이귀순: 함대가 와가지고 그랬는데.

조사자: 자기 영국을 위해서 죽은 사람은 또.

이귀순: 아따 그 잔틀맨, 그 놈들 자존심 알아주는 거 아닙니까? 영국 놈, 세계에서 자존심 제일 강한 놈들이 영국 놈인데.

조사자: 근데 아까 회장님 말씀하신 것처럼 울릉도 가서 울릉도 군수님하고 만나면서 아이고 거문도사람들이 다 전체적으로 거기 울릉도에 가서 개척을 하고 그런 게 아니다라고 겸손하게 말씀하셨는데 이제 진짜로 거문도분들은 우리가 지금 최근에 연구하시는 분들은 그래도 관심 있는 분들은 아 거문도분들 거기 주로 많이 가셨다고 하는데 우리는 폭을 조금 더 넓혀서 초도, 손죽도, 고흥 이쪽에 분들도 혹시라도 울릉도 가신 분이 있으면 그 분들도 우리가 한번 조사를 해봐야 되겠다.

이귀순: 아 저저 초도, 의성리 뭐야 김충석 시장, 여수 시장했던 그분

조사자: 네. 초도 출신이시죠.

이귀순: 독도, 울릉도 독도 이 문제에 대해서는 참 애 많이 썼어요

조사자: 관심이 많습니다. 예 잘 알고 있습니다.

이귀순: 그러니까 자기 재산을 털어가지고 지금 의성리 거기 큰 돌에다가 그 조선시대 초도사람들이 울릉도·독도를 다녔다는 기념비를 만들어놨어요. 안 가보셨죠? 그 한 번?

조사자: 예 아직 못 가봤습니다.

이귀순: 그런데 그 김충석 시장이 참 일본도 여러 번 다니고 그래가지고.

조사자: 그래서 혹시 저희들이 초도나 손죽도를 가게 되면은 우리 회장님처럼 이렇게 연세되시는 분 중에서 혹시 울릉도에 갔다왔다거나 이런 이야기를 해주실 분이 혹시 있을까 싶어서.

이귀순: 손죽도는 아마 인제 없고, 초도 주로 그런데, 초도에 아마 우리 연배가 된 분은 충석 시장은 지금 여수에 살고 계시고, 지금 의성리나 대동리에도 우리 연배로서는 거의 없어요.

## 2. 김태수의 구술증언

- 일시: 2018.2.8(목) 14:00~16:30
- 장소: 여수시 삼산면(거문도) 서도리 김태수 씨 자택
- 제보자: 김태수(78), 울릉도·독도 관련 거문도 자료 제공자
- 조사자: 최재목, 이태우, 박지영, 정태만
- 조사내용:

1. 부친 김병순 옹이 기록한 거문도인들의 울릉도·독도 도항 관련 자료 공개
2. 1822년 김태수의 조부 김치선이 독도에 왕래하였으며, 그 증언을 1962년에 김윤삼옹이 인터뷰하여 신문에 공개함
3. 부친이 정리한 울릉도·독도 관련 20여 권의 기록물 제공

김태수: 내가 인자 퇴직을 한 지 이제 5년이 됐습니다만, 퇴직하고 고향에 들어와서 술비야 문화재가 결국 말하자면 거문도문화재들이 전부 다 울릉도와 관계가 있는 것입니다. 여기 지금 말하자면 남해안 일대를, 원래 말하자면 대한민국의 지금 남동서를 거문도 사람들이 전부 업적을 남긴 것들이에요. 그 기록들이.

김태수: 그런 과정들에서 여기 역사가 기록이 어떻게 되어있는

가를 내가 알고 싶었어요. 나는 원래 실업학교를 다녀서 인문학에 대해서는 내가 잘 모르니까 아버님이 갖고 있는 것을 제대로 알려면 내 족보부터 찾아야겠다 해서 족보를 전부, 여수서 족보를 전부 다 찾아봤어요. 그래서 내 족보가 과연 거문도 입도가 언제 되어있는가 거문도 역사를 먼저 알아야 아무튼 간에 울릉도 관계라는 게 나와야 되고 영국 관계라든지 알 수 있을 거 아니에요. 그래서 여기에 거문도 사람들이 언제 입도를 했는가가 나와야 되고, 지금 그러니까 거문도 역사 400년이라는 기록이 지금 현재 말하자면 400년이라는 역사를 거문도가 그 때부터 사람이 살았다고 이야기를 하는데, 과연 그게 실제로 그런가 하는 것을 뭐 기록은 돼있어도 증거가 될 만한 것들이 누구한테 말씀을 드려도 말로만 하면 안 되잖아요. 그래서 이번에 울릉도를 가서 보니까 내가 울릉도를 가서 딴 사람들보다 엄청나게 많이 느꼈어요. 이 거문도라는 데를 깊이 생각해야할 문젠데, 전라남도나 시내에 이런 분들이 거문도에 대한 기록된 역사를 그 잘 알지를 못하고 있는데, 지금 아버님이 기록해놓은 이 자료들에 기록이 다 되어있어요. 기륭선생 문집이라든지 거문도 삼산면에서 기록되어 있는 것들이. 우리는 일절 다 모르는 사람들인데 그 할아버지들이 인자 과연 어떤 식으로 해서 거문도에 살았던가 하는 것들이 아버지가 또박또박 기록을 적어놓은 것들 이걸 가져다 보여드릴게요. 나가(내가) 지금 그렇다고 나이가 칠십 일곱입니다. 그런데 나가(내가) 지금 거문도 사람들이 울릉도라는 곳을 가보지도 않았고 또 지금 남의 이야기를 할 얘기가 아니고 역사적인 것이 뭔가 근거가 되어야 되다보니까 내가 오죽했으면 족보를 찾았을까요. 그리고 나의 할아버지 몇 대 할아버지께서 거문도서 배를 타고 어디를 거쳐서 어디를 갔던가? 그래서 돌아가셨어요, 3형제가. 그것이 내가 지금 알고 있는 것은 내가 지난번에 울릉도 갔을 때도 그런 말을 했는데 그 할아버지가 돌아가셨는데, 그 할아버지가 과연 나의 몇 대 할아버지였던가. 그럼 그 때 당시에 할아버지가 돌아가시고 인제 3대 할머님이 19살 때 혼자되신 거예요. 아버지가 독자의 독자야.

조사자: 할아버지 세 분이 다 결혼하시고 (가셨나요)?

김태수: 그러니까 아버지가 결혼을 막 하고 19살 때 임신을 했고 아들을 낳았어. 그 아들이 삼산면 거기 가있죠, 삼산면이 어디가 있어 여기 가있어요. 어른이 장촌이라는 데에, 지금 말하자면 거문도의 제일 먼저를 서도하고 동도, 두 군데에 제일 먼저 살았지요. 그러고 인제 거문도 기록이 나오면 쭈욱 보면 나올 껍니다만은 저 쪽에서 오셨죠? 저쪽(동도 쪽)이 현재 바다였어요, 바다. 화산이 일어나고 거기서.

조사자: 동도.

김태수: 예, 그러면 거문도 사람들이 언제부터 살았던가 하는 것이 460년이라는 이 지금 현재 이순신 장군이 바로 여기다가 거문도를 지키기 위해서 유촌에다가 그 현재 동도 오늘 가셔가지고 혹시 기륭선생 들리셨으면 얘기가 거기서 보셨으면 잘 알 겁니다만은, 그 내용들이 400여 년 전이라고 지금 거문도를 갖고 이야기를 해요. 그래서 거기서 울릉도하고 관계가 되죠, 관계가, 400년 역사 속에서 기록된 속에서 저희 지금 할아버지가 울릉도를 다녀서 그것이 어디 가있냐 하면 족보 속에 (나와 있어요). 아버지는 돌아가시고 할아버지가 묘자리가 없어. 나가(내가) 확인할 수 있는 방법은, 나는 인자 할아버지가 그렇게 돌아가셨단 것만 알지, 그분들이.

조사자: 증조할아버지가 아닌, 아버님 위에 할아버지?

김태수: 할아버지, 지금 현재 3대 할아버지니깐 그거 족보를 보여주면 교수님께서는 확실히 알겠죠.

조사자: 족보를 가지고 계시네, 그거를 좀 보면 알겠네.

조사자: 그 때 인제 독도까지 처음으로 간 분은 1822년에 김 치자 선자, 김치선 할아버지 때부터 독도에 갔다고 합니다. 그 증언을 1962년에 김 윤자 삼자, 김윤삼 어르신이 증언을 인터뷰했습니다.

김태수: 그것을 전부 다 아버님이 (기록해뒀어요.) 나가(내가) 거문도 분들이 어떤 분들인가를 먼저 기록되어있는 것을 볼게요.

조사자: 제가 궁금한 거는 그러면 김윤삼 어르신은 여기 나오는데 김치선 어르신도 나오는지, 1822년에, 그 분부터 서도리에서 독도까지 갔다 그러던데.

김태수: 그것은 인자 순찰, 감찰하는 사람들이 경상도에 있었잖아요.

조사자: 일기를 가지고 계시네.

조사자: 일단 족보에 김해 김씬가요?

김태수: 아뇨, 선산 김씨.

조사자: 선산 김씬데, 여기 사는 분은 거의 다 선산 김씨?

김태수: 아뇨, 다 틀려요. 족보를 먼저 보셔야 되요.

조사자: 족보를 한번 봅시다.

김태수: 이거를 먼저 보고, 거문도에 어떤 사람들이 입도를 먼저 했는가 하는 것들도 기록이 돼있어요. 그런데 그 역사가

지금 거문도에서 울릉도 가는 역사가 과연 백 몇 십 년, 한 300년?

조사자: 그 하여튼 1960년도에 김윤삼 어르신하고 박운학 어르신, 박운학 어르신은 족보가 다르니까, 두 분이 다 서도리라고 그러더라고요. 다행히 김윤삼 어르신은 족보에 나온다는 거는 같은 가문 선산 김씨일수도 있겠네.

조사자: 그렇죠, 네, 그걸 뭐 많이 모아놓으셨네, 이런저런 자료들을.

김태수: 그러니깐, 아버님이 참 한이 맺혀가지고…

조사자: 그러니까 이걸 뿌리를 찾고 싶으신 거지요.

김태수: 다 보여드릴테니깐,

조사자: 네 천천히 (자료를 보도록 하죠). 그래도 뭐 다 모아놓으셨네요.

김태수: 다 모은 게 아니라 이것이 지금 교수님들보다도, 내가 지금 이거를 조사를 해가지고 내가 이 마을에 그 시대 때 역사와 기록을 이렇게 정리를 할려고 하다가보니깐, 정리가 하나부터 할라하니깐(조사를 한 것이지요). 내가 족보를 먼저 찾는 것은 연대별로(정리를 하기 위해서지

평생 울릉도 · 독도 관련 자료를 기록 · 정리한 김병순 옹의 40대 모습

김태수 씨가 부친 김병순 옹이 기록 · 정리한 자료들을 조사자들에게 설명하고 있다(2018.2.8.)

요).

**조사자:** 참 잘 정리를 잘 하셨습니다.

**김태수:** 여기서 내가 찾고자하는 것은 종규라는 분이 입도를 했어요 – 나가(내가) 이거 할라고 족보 하나를 다 짤라버렸지. – 이분이 1615년에 지금 현재 거문도에 입도하고 두 자식을 낳았어. 이 분이 지금 가선대부를 했잖아요. 여기 지금 현재 거문도가 아닙니다. 여천군 삼산면, 여기서 두 자식을 낳아가지고 이 사람들이 입도, 이 사람들이 거문도에 묘가 있어요. 그분들이 지금 말하자면은 연도별로 나오지요? 병자년 해에 묘를 흥양 도화면에 있고 이 분은 현재 거문도에 묻혔어요. 그래서 여기서 낳은

자손들이 이 두 자손들이 넷으로 갈라졌는데.

조사자: 파가 갈라졌네.

김태수: 갈라진 파가 갈라진 게 아니라 형제간들이 제일 큰 제일 나보다 한 대가 높으신 분이 여기에 해낭되고, 이 나머지 세 사람, 이 사람들이 낳은 자식들이에요. 왜 이 이야기를 하냐면은 여기서 낳아갖고 이 할아버지 세근이 선근이 준근이 세 분이 울릉도를 (가셨어요.) 울릉도 가서 울릉도에서 나무라던지 가제(강치)라던지 갖고 이놈이(이 배가) 어디로 오냐면 부산 쪽으로 내려와 갖고 거문도를 와서 이놈이(이 배가) 여기 있는 거를 갖고 거기서 미역 같은 거를 많이 채취해가지고 와서 건조시키던가 해서 저 서해안으로 가, 인천까지 올라갔지, 그리고 거기서 쌀이나 농산물을 바꿔 와서 이놈을 다시 싣고 또 어디로 가냐면 울릉도로 가서 울릉도 사람들과 양식하고 바꾼 거야. 그 시대를 말한 거야.

조사자: 1858년에 태어나셨네,

김태수: 나가 지금 말하는 할아버지 이 분들이죠. 이 할아버지가 삼대 할아버지. 여기 보면은 내가 어디에 있나 보면은, 여기 준근이.

조사자: 준근.

김태수: 준근이 할아버지 밑에 창윤이가 있고, 여기에 형제간들이 현재 아까 네 분 있지요(두근-세근-선근-준근), 아니 창윤이가 제 할아버진데, 이 할아버지가 현재 묘가 없어요. 저희 할머니가 현재 고령 신씨 할머니가 열아홉 살 때 혼자 되신 거죠. 이분이 묘는 없어요. 그 형제가 저희가 인제 알고 있는 건 제사를 옛날에는 제사를 어머니께서 같은 날 모셨드라, 그래서 결국은.

조사자: 시동생 두 분 제사도?

김태수: 아니 자식들이 다 인자 자식들이 했고, 여기 자식들이 있었으니깐, 이제 이 할아버지가 이 아들을 낳았어, 그러니까 이 아들이 (울릉도로) 가가지고 거문도를 떠나고, 할머니가 임신을 열아홉 살 때 해가지고 아들을 놓고 간 거야.

조사자: 울릉도로 갔단 말이네,

김태수: 이 아들을 낳았어요, 독자, 이 독자가 낳은 자식이 김병순이가 아버지죠, 아버님을 낳았어.

조사자: 요분은 1956년에 돌아가셨네.

김태수: 이분은 돌아가셨고.

조사자: 증조할아버지시네요.

김태수: 그렇죠, 그렇죠.

조사자: 증조할아버지가 돌아가셨고.

김태수: 인제 그분이 그 때 당시에 그분들이 울릉도를, 지금 말하자면 다녔다라고 보면 되요. 그렇게 그 연대를 보면 그 분네들의 또 어르신들이 있을 거 아녀, 거기에 대해서 인제 조사를 하라고 하면 그러면 조사가 하기 어렵지요. 여기 이름이 연대별로, 여기서 낳은 자식이 나가(내가) 여기에 해당되죠.

조사자: 그러니까 바로 할아버지가 아버지 위에 할아버지가 (울릉도 갔다가 돌아가신 거지요)?

김태수: 아버지 할아버지의 증조할아버지, 고조(할아버지), 내가 지금 40세에 해당되지요.

조사자: 그 때 그러면 울릉도 갔다는 기록은 여기 있습니까?

김태수: 여기 족보에는 올라가지 않았지요.

조사자: 근데 잠깐만요, 무덤이 묘가 없다는 애기가 무슨 뜻입니까?

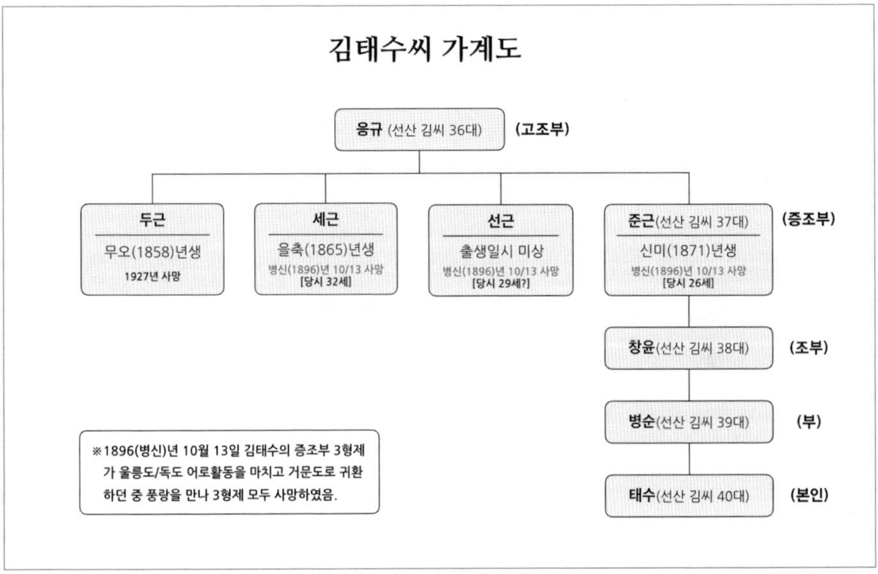


김태수: 묘가 없다는 얘기는 돌아가셔서 시신을 건질 수 없었다는 거죠.

조사자: 배를 타고 가시다가 이제 부고를 당했단 말이죠.

김태수: 이제 그런 것들이 아버지가 써놓은 것들 속에 다 나오죠, 이런 분들이 뭘 했냐면 판사, 변호사, 교장, 전부 형제간들이 다 공부를 많이 하신 분들이 전부 다 선생님이시네요. 판사 변호사 여기는 4형제 중에서 할아버지 형제가 제일 큰 형이지요. 아드님이 세윤이라는 할아버지가 지금 서도국민학교 지금 교장을 하셨고, 여기는 지금 현재 병기 아드님은 뭘 했냐면 큰아버지 되시는 당숙님의 장

흥 순천 목포 지방, 춘천 광주 원장 지방 법원장을 하셨어.

조사자: 다들 공부를 잘 하셨네요.

김태수: 여기 있는 사람들이 전부 이 아들이고. 여기 지금 이 분들이 전부 선산 김씨 있는 사람들이 검사 판사 출신이야. 이 사람들이, 거문도 분들이 말하자면 거문도에 입도하신 사람들이 전부 다 현재 일본에서 제국대학교를 나온 사람들인데 이제 그 사람들은 일단 그렇고, 여기 말하는 세보에 의해서 현재 나가(내가) 지금 이치를 찾기 위해서 이렇게 해서 연대별로 놓고 이야기할라고 한 거예요. 여기 연도를 다 써놨죠. 묘가 어디가 있으며 다 해놨죠.

조사자: 요거를 한번 찍어놓읍시다.

김태수: 향토에 대한 어떤 걸 하기 위해서 아버님이 현재 울릉도 저쪽 군수하고 건의서 같은 것들을 상당히 많이 냈어요.

조사자: 기록해놓으신 거네요, 위촉장.

김태수: 응 뭐 이런 내용들이 뭐 전부다 울릉도와 관계있는 것들이기 때문에 내가, 일단 위촉장이라고 보시고, 보실만한 내용들이 어떤 것들이 있는가 아버지 한문 글이, 이분들

이 누구한테 보냈는가…

조사자: 그 할아버지 대에 울릉도를 거쳐서 독도를 간 거는 거의 확실하거든요. 확실한데 기록이 없으니깐.

조사자: 그 때 족보에나 아버님께서 적어놓으신 거에라도 독도에 갔다는 말이.

김태수: 나가 지금 원본을 이것을 갖고 있는 이유는 뭐냐면 이거를 여수에 가면 전부 다 복사시켜놨어요. 내가 원본만 거문도에 가지고 왔지요.

조사자: 이게 원본인가요?

김태수: 아버님이 쓴 원본이에요, 다 전부.

조사자: 어디다가 보관시켜 놨다고요 복사해서?

김태수: 여수에, 왜냐하면 아버지 원본을 복사해놓고 내가 복사기를 사가지고 복사를 시켜놓고 그놈을 보고 여기 일률적으로 나온 게 아니라 대목 대목에서 생각난 대로 써놓은 것들이 울릉도 관계에 대한 것들만 여기 내가 쏙 빼놓은 거야. 책을 빼놓고, 여기서 보는 거는 울릉도 관계만 써놨어.

조사자: 대단하십니다.

김태수: 그래서 요렇게 뽑은 이유는 특히 울릉도 관계를 알아야 되겠제? 그래가 교지 같은 것도 지난번에 한번 보여줬어. 지금 현재 (울릉)도감 교지, 그분이 지금 말하자면 울릉도 도감을 몇 년 과연 했던가? 그 분이 그라면 이 분이 현재 사본을 여기 사람들을 원본이 지금 저가(저기 가면) 붙어져있어요, (장촌)유물관에다. 유물관에 오래되면 이거 분실될까봐 원본을 전부 다, 사본에 기록을 해놨죠.

조사자: 지금 이거는 송금한 내용인데, 어디다가 송금한지 모르겠네.

김태수: 이거 지금 송금한 걸 어따 했냐하면 울릉도 경비대들 있잖아요. 아버지가 울릉도를 갔어요. 간 것들이 다 여기 있어요. 가가지고 아버님이 노인당에서 송금을 해서 그 분들이 노고가 많으니깐 고생한다고 송금한 거야. 답장도 오고, 온 것도 다 있어요.

조사자: 전신 송금.

김태수: 그것만 아니라, 전두환 대통령한테서 감사장도 오고, 박정희까지(도 감사장이 오고). 요것이 현재 울릉도 천부동 우 노인 아시죠? 여기를 지금 거문도에서 가서 아버

1992년 6월 25일 울릉도를 방문한 김병순(당시 77세) 씨는 천부동에 사는 우 노인(당시 107세)을 만나 거문도 사람들이 울릉도 · 독도에서 했던 일과 생활에 대한 구술을 듣고 메모를 남겼다.(다음 메모 참조)

님이, 저희 아버님입니다. 우 노인하고 울릉도에 가서 사진을 찍어놓은 거예요.

조사자: 그것도 좀 이따 한번씩 봅시다. 다 내용을 조금씩 읽어 봐야 되요.

김태수: 다 읽어야 되요. 이거 뭐 한 시간 두 시간 봐야 될 게 아니라. 울릉도에 관한 게 일률적으로 기록이 된 게 아니라, 그 시대의 사람 인물하고 관계성을 갖고 만들어놓은 거기 때문에 내가 그것을 어떻게 정리를 해야 할 것이냐

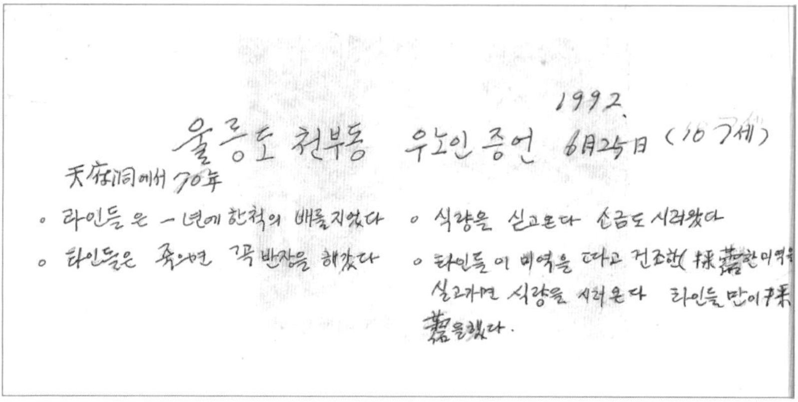

1992.
울릉도 천부동 우노인 증언 6月25日 (107세)
天府洞에서 70年
○ 라인들은 一년에 한척의 배를지었다
○ 라인들은 죽으면 꼭 반장을 해갔다
○ 식량을 싣고온다 소금도 시려왔다
○ 라인들이 미역을 따고 건조한(採藿한미역을 실고가면 식량을 시려온다 라인들만이 採藿을했다.

김병순 씨가 메모한 울릉도 천부동에서 70년을 살아온 우 노인의 증언에 따르면 울릉도에 온 라인(전라도인)들이 1년에 배 한척을 만들었고, 올 때는 식량과 소금을 싣고 와서 갈 때는 미역을 따서 건조시켜 갔다고 증언했다. 전라도 사람들만이 미역 채취를 했으며, 사망자가 생기면 울릉도에서 장례를 치르지 않고 소금에 반장을 해서 거문도로 실어가서 장례를 치렀다고 했다.

를 확인하고 있는 거야.

조사자: 요거는 신용증선데, 금 일백오십만 원 증. 우금을 서도, 서도리 문화재 설립…

김태수: 이것이 바로 거문도에서 출토된 돈이에요.

조사자: 이중에서 이 자체를 그대로 (타이핑) 쳐서 자료집으로 해야 될 부분도 상당히 많은 거 같아요.

김태수: 여기에서도 아버지가 지금 날필로 써놓은 것을 한문을 내가 지금 얼른 못 찾으니깐 한문을 찾아내가지고 정리

했다니까. 지금 아버님이 새마을 지도자를 한 1년간 하셨지요. 그리고 노인회장을 오랫동안 하셨고. 요거 지금 현재 말하자면, 서산사라고 사당입니다. 그것을 아버님이 사당을 세우셨어요. 그분들이 내린 업적, 그분들이 서도국민학교를 만들어서 지금 저희가 지금 국민학교가 110년 이상이 됩니다. 그것이 내가 말하자면 발견해가지고 10년 전에 100주년 행사를 했지요.

김태수: 이런 내용들은 지금 현재 여기에 나온 것들은 지금 거문도에 현재 문화재가 만들어지기까지 이런 분들이 있어야 되지, 만해선생이라던지 서산사에 있는 여기 이제 기륭선생이라든지 하는 분들이 전부 다 지금 거문도에 현재 역사기록에 찍혔던 사람들 중에 전부 다 이름들 갖고 있는 사람들이야. 다 일본에서 대학을 나온 사람이야, 그분들이. 풍운사를 혹시 읽어봤어요? 거문도 풍운사?

조사자: 못 읽어봤습니다. 들어는 봤지만.

김태수: 거문도 풍운사[7]를 한번 읽어보셔야 되요. 거기에 영국군이 나오죠.

조사자: 그것이 책으로 나오죠?

---

7) 곽영보 편저, 『거문도 풍운사: 한말거문도사건』(광주: 삼화출판사, 1987).

김태수: 다 책으로 민들이 놨어. 그 책이 지금 여수에 있어놓으니깐.

조사자: 거문도 풍운사를 한번 봐야겠어요. 그런 대부분의 자료에 울릉도 독도에 갔다는 거는… 아직도 지금 시점에 제일 중요한 거는 거문도분들이 울릉도 · 독도를 지켰다는 건데

김태수: 맞아. 나가(내가) 무슨 말씀하는지 알겠어.

조사자: 그 기록들이 말하자면 연결이 안 되어 있습니다. 여기는 여기 기록대로 남아있고, 울릉도 · 독도 연구하는 데는.

김태수: 저희 아버님은 울릉도 관계를 전문적으로 연도별로 이렇게 말하자면 연도별로 거문도에 오늘 있기까지 과정들을 연도별로 써놨더라고요, 연도별로.

조사자: 저도 한번 봅시다.

김태수: 보시면은 연도별로 쭈욱 해가지고 거문도에서 울릉도에 오성일이라는 사람이 도감으로 됐을 때가 몇 년도인가? 그 분이 몇 년간 근무를 했었는가 한 6년간 근무를 했죠. 그리고 삼산면사무소나 어디가 어디로 옮겼는가, 여수시 삼산면이 언제부터 되었는가 연도별로 만들어서 해놨어요.

조사자: 보니까 이걸 봐도 아버님이 그때는 거문도와 독도와의 관계가 학계에서는 전혀 연구가 안 될 때인데, 여기 보면 〈1854년 거문도인 울릉도 왕래 독도시 석별동경〉 이렇게 그때 이미 아버님이 이걸 정리해두셨어요.

김태수: 이름들을 보시면 내가 찾는 이름은, 잘 찾고자 하는 이름은 내가 아는 사람들과 할아버지 이름들만 기억하지, 전에는 어떤 할아버지인지 모르니깐.

조사자: 김치선 할아버지를 한번 네, 1822년에 그 때부터 독도까지 갔다는 게 아버님이 쓰신 게 이게 독도에 대한 게 있지 않습니까.

김태수: 윤삼 씨 할아버지가 지금 현재 어디가 있어? 나가 이거 한 시간 두 시간 본 게 아니라 나가(내가) 정리를 한다고… 저기 뒤에 책을 보시면 아버지 일기장이 이래요.

조사자: 일기장 조금 이따가 한 번 봅시다.

조사자: 몇 년간 하신 거 같네요.

김태수: 아버지 글씨를 보시면 필체가…

조사자: 잘 쓰시네.

조사자: 아버님도 몇 년간 하시도 대단하시고 여기 열정적으로 하셨고, 김태수 선생님도 그 아버지 뜻을 물려받아서 몇 년간이나 이렇게 정리를 해오셨고.

김태수: 나는 아버님이 이렇게 기록해놨는지 아버님이 말도 안 하고 몰랐어요. 나는 여기 직장이 있는 여수에 와있었죠. 8남매예요, 저희 형제가.

조사자: 그럼 돌아가시고 난 다음에 (자료를 정리하시게 되었네요)?

김태수: 아버님이 이제, 저의 마누라와 내가 여기서 결혼을 했고, 내가 셋짼데, 나 밑에 쌍둥이들이 다 연금으로 퇴직을 했지요. 그런데 거문도를 떠나서 군대 생활을 했죠. 군대 나와서 직장 생활을 85년 정도 하다가 퇴직을 하고 내가 일흔 두 살에 퇴직을 했어요. 그러니까 장기간 직장생활을 하다가 아버지는 여기 계시다가 여수 나오셔서 돌아가셨지요. 그래서 이 집을 안 되겠다 싶어서 내가 인테리어를 싹 했죠. 그리고 딴 형제들은 여기 거문도에 안 있어요. 저희 아버지는 주조장(양조장)을 하고 계셨죠. 여기 거문도에서. 그러니까 아버님이 말하자면 그 시대 때 주조장을 하셨으면 경제적으로 좀 사셨다고 할 수 있죠.

조사자: 양조장 말이죠.

김태수: 양조장을 아버지가 하셨죠. 아버지가 면에 (면의원으로) 근무를 하셨어.

조사자: 아 그렇습니까?

김태수: 여기에 보면은 거문도 고가, 그 집이 울릉도에서 갖고 온 유물들을 사진 찍어놓은 것들입니다. 여기가 누가 있냐 하면 윤삼 씨가 여가(여기가), 이것이 지금 아버님이 인제 울릉도에서 채취해가지고 와서 거문도에 집을 다 지어놨던 집들이에요.

조사자: 기둥하고 다 울릉도 나무예요?

김태수: 네. 안에 껴, 이런 것들을 다, 집들을 아버님이 다 찍어놨구만요. 그라고 인자 할아버지가 할아버지들이 여가(여기에) 사진 찍어놓은 것들이 있어요.

조사자: 요거는 어디 울릉도 사진인가요?

김태수: 아니 거문도 앞바다를 찍어놨고, 아버지가 다행히 찍어놨고.

조사자: 요게 울릉도에서 가져온 나무고, 이 집이 근방에 있는 집인가요?

김태수: 아니 요기 다 가져가서 없지.

조사자: 지금은 없죠, 나무가 다.

김태수: 다 떨어져버렸어(없어져버렸어), 집은 다 철거해가지고.

조사자: 근데 또 어떻게 사진을 찍어두셨대요?

김태수: 그 때 아버님이 찍어놓은 거예요, 내가 찍어놓은 게 아니에요. 그러니까 놔뒀지. 사진을 보면 알 꺼에요, 연도별로 있을 거예요.

조사자: 네 요게 92년도.

김태수: 아니 그게 이제 나무들이 대들보 같은 거 이런 것들이 전부 다 안에 내부들이 앞에는 댔을 꺼지만 그 때 당시 아버지가 찍어놓은 것이 그 집들이라고 찍어놓은 거예요. 그 내용들이 어디 또 있어.

조사자: 그 때 아버님이 어디 신문 인터뷰나 어디 한 게.

김태수: 많제, 아버님이 지금 인터뷰가 아니라 일본에서까지 오셔가지고 명함도 있고, 뭐 하여튼 간에 아버님이 자료는 아버지한테 다 나갔다니깐,

조사자: 그니까 그런 자료, 아버님 명의의 자료집이나 뭔가 글 쓰신 거 그런게 (있는지)?

김태수: 그니까 그런 걸 자료집으로 만들어놨더라면, 나가 알겠지, 아버님이.

조사자: 안하시고, 필요한 자료만 보여주시고 설명해주고.

김태수: 그렇죠, 내가 얼른 오셨으니까 하는 건데, 아버지가 세밀하게 적어놨다는 얘기는 이 놈을(기록들을) 보고 빼내야 되요.

조사자: 추려내야 되요.

김태수: 내가 그러기 위해서 연도별로 찾아서 놓은 거여.

조사자: 아버님이 기록하신 게 참 대단하십니다.

김태수: 여기 지금 내가 넘버를.

조사자: 그렇죠, 선생님이 매겨주시면은 책으로 1년이 걸리더라도 출간을 다 해서 세트로 한 질 드리고 저들이 몇 질 드리고 그걸 보여드리면 될 거 아니에요, 원본을 놔두고. 그렇지 않습니까, 요건 거문도의 연혁에 대해서 해놓으셨네. 이런 자료도 중요한 자료니까.

조사자: 간단한 자료에 아버님이 쓰신 거에 벌써 거문도인 울릉도 왕래 및 독도시석별 이런 걸 벌써.

조사자: 거문도인 울릉도 왕래 및 독도거문도인 일본 백기 표류.

김태수: 여기 내가 남바(번호)를 전부 다 달아놨어, 왜 그러냐면 써서 이것을 현재 복사를 해놓고 혼합이 되니까.

김태수: 나가(내가) 이번에 울릉도 가서 열흘 갔으니까. 나는 먼

김태수 씨의 부친 김병순 옹이 평생 동안
기록 · 정리한 울릉도 · 독도 관련 자료.
이 자료는 원본을 스캔하여 『울릉도 · 독도 관련 거문도 자료 I · II』(영남대 독도연구소 편, 선인, 2018)로 출판되었다.

저 가서 울릉도에서 어디를 가냐면은 유물관.

조사자: 독도까지 가셨지 않습니까?

김태수: 내가 지금 독도 가서 연도별로 전부 다 독도 꺼를 찍어왔어요. 과연 독도에 몇 년 때부터 지금 사람이 살았으며 전부 내가 다 찍어왔지요. 이번에 이런 식으로 연도별로, 1300년.

조사자: 관심이, 독도홍보대사를 하셨네요.

김태수: 거문도까지 찾아봐야겠구나, 제일 먼저 찾아야겠다고 하는 거는 뭐냐면은 우리 할아버지가 예를 들어서 증조할아버지가 돌아가셨는데 몇 년도에 돌아가셨으며, 그라면 그 시절에 거문도가 기록되어있는 것이 아버지가 어떤 거를 기록해놨는가. 그래서 그러니까 족보를 먼저 찾았죠. 족보를 있는 분 갖고 가서 족보를 잘랐죠, 전부 다. 우리 족보만 쫘악, 거문도에 지금 입도하신 할아버지들만 할라고, 이제 연대별로 이놈하고 맞춰서 올라가 본거야.

조사자: 요거는 선생님, 무슨 그림입니까?

김태수: 요 말은 지금 무슨 말이냐면, 아버지가 말을 잘 써놨어.

조사자: 요거 그러니까 어르신이 기록하신 거예요?

김태수: 아버님이 어떻게 했냐면 우리나라 지금 거문도 많은 섬에서 이 대륙을 돛단배를 타고 울릉도를 가서 이까지 거쳐서 서해안 의주까지 갔다고 했잖아.

조사자: 거문도인들이 한 역할을 다 적어놓으셨네, 요런 게 이제 중요한 거.

김태수: 근데 그런 것들을 지금 말하자면은 거문도가 오늘날 말하면 해양에 대한 문제를 아버지가 써놓은 것은, 대한민국 거문도가 얼마나 중요한 곳이냐? 왜 이 거문도 사람들이 죽어서 돌아오지 못하고, 우리 땅에서 돌아가셨는데, 왜 아버지가, 할아버지가 돌아가셨는지 한이 돼서 이렇게 기록을 한 거예요.

조사자: 제가 저번에 왔을 때 이귀순 회장님께 말씀을 드린 게, 거문도분들은 국가유공자 후손들이다. 이 거문도 분들이 울릉도 가서 배를 안 만들었으면 벌써 프랑스 땅이 되었든지, 러시아 땅이 되었든지 아니면 일본 땅이 되었든지 (했을텐데) 울릉도 자체가. (그런데) 갈 때마다 조선인이 배를 만들고 있었으니까(조선 땅으로 여기게 된 것이지요).

김태수: 여기에 그런 말들이 어떻게 기록이 되어 있냐하면, 일본놈들이 와서 이것은 톱으로 나무를 썬대, 거문도사람들은 도끼로 찍었다.

조사자: 그 때 이제 일본 벌목공들하고 많이 싸운 사람들이 오도감으로, 거문도인들이 벌목공들하고 싸웠어요.

김태수: 그래 갖고 할아버지들이 와서 이 얘기를 한걸 아버지가 들었던 모양인가봐. 할아버지가 (그 시절 때 했던) 얘기를. 그 줄 묶어가지고 도끼로 쳐서 벌목을 한 나무들을 좋은 나무는 거문도로 싣고 와서 이거를 팔았다고 해요.

조사자: 그 때 나무가 누가, 일본 벌목공들이 완전히 나무를 고갈시켰어요. 1902년 되서는 해안선에 나무가 없어지고 1904년에는 울릉도 전체의 나무가 없어졌다. 벌목공 때문에, 그니까 거문도분들은 1900년대 기점으로 해서 정부에서 배를 못 만들게 하니까 1900년대에 다 철수를 했어요. 다 철수를 해버렸어.

김태수: 그리고 오도감 영감도 6년간 있다가 철수했어.

조사자: 오도감도 1900년도에 이리로 오신 거 같아요.

김태수: 철수 되가지고 묘가 지금 어디 있냐면 묘까지 다.

조사자: 그니까 그 때 울릉도에 일본 벌목공의 행패가 너무 심해서 예를 들면 전에도 말씀드렸지만, 밤에 일본도를 들고 20명이 오도감 관사에 들어가서 행패를 부렸다. 사람을 다치게 하고 야밤중에 일본 벌목공들이 20명이나, 그런

기록들이 중앙정부기록에 다 있어요.

김태수: 물론 있을 거예요, 여기는 거문도분들에 대한 내용을 써 놨는데, 일본놈들이 그런 야비한 행동들을 했어요. 오도감이라는 사람이 있을 때.

조사자: 그 본토에서 건너가서 농사를 짓던 사람들은, 일본 사람들과 싸울 일 자체가 없었어요. 나무 가지고 뭐 안하니까(시비를 할 일이 없었으니까). 근데 거문도분들은 거기서 (나무로) 배를 만들어야 되니까, 일본 벌목공들하고 싸운 겁니다.

김태수: 일본놈들이 요기로 관광을 와요, 유물관, 쬐깐한 거 있어야 한다는 거죠. 일본놈들하고 한국 벌목한 과정들이 뭔가 기록을 만들어서라도 여기서 그 시대 때 거문도 사람들하고 일본 사람들이 싸웠구나 하는 것도 봐야 돼요.

김태수: 나가 지금 할라고 한 것이 이런 것을 편집해가지고 정리를 해가지고 영상화시켜서 그거를 보는 사람들이 쉽게 하도록 자료로 만들어야 되요.

조사자: 그런데 아버님이 그렇게 활동하셨는데 독도학계에는 그렇게 안 알려졌을까? 저는 독도 공부한지 10년 밖에 안 됐기 때문에 그렇다 치더라도.

김태수: 아무튼 저는 아버님이 갖고 계셨던 거니까. 아버님이 상당히 방송국이나 여기 명함들이.

조사자: 저 위에서 중앙도 그렇고 이쪽을 한번 대풍헌, 울진이나 이런 걸 봤지 자꾸, 왜 거문도가 무슨 관계냐, 정부가 인식 못한 거야. 우리가 이번에 하면 바로 인식이 되지요.

김태수: 아버님이 갖고 있는 거 전체를 그 동안에 알고 있는 사람들이 없을 거예요. 말로 하는 것이지 내용이 없어요. 지금 현재 거문도 뱃노래 전수회, 술비야 노래 그 회장직을 맡고 있습니다만, 유물관 하고 있는 뱃노래하고의 관계가 지금 근년에 그 내용을 갖고 지금 이야기 한 것이고, 아버지가 갖고 있는 자료는 지금 현재 서도리 사람들 아무도 알지를 못해.

조사자: 다른 사람들은 기록으로 남기진 않았지요? 말로 듣고.

김태수: 아버지처럼 이거를 조리 있게 기록할 수 있는 사람들이 그동안에 서도리에 별로 없었지요.

조사자: 기록의 중요성을 아셨던 거예요. 선각자십니다.

김태수: 그 기록이 지금 여기서 발췌한 것인데, 일기장이 저기 봐 보세요. 일기장이 여기에 대한 일기장이 아니고 개인적인 일기장이니까 아버지가 생각난 대로 쓴 거예요.

조사자: 그것도 중요합니다. 그래도 당신께서 하신 부분에서 중요한 게 있을 수도 있으니까 한번 쭈욱 볼 필요 있겠네.

김태수: 나가 이번에 전화가 오셔가지고 3일 동안 뒤졌나? 정리하느라, 이걸 싹 다 여수로 갖고 갔어요. 가가지고 여기 있는 것을 싹 다 복사를 시켜놨지요. A4용지 두 권이 들어갔어요.

김태수: 나가 말을 많이 합니다만, 내가 지금 아버님이 정리해놓은 걸 보시고, 우리 아버님이 밖에다 생전 일이라는 걸 안 해요, 농사도 안 지으시고, 애들 교육만 시키고, 일절 동사에만 관심을 갖고 있었다보니깐 앉으시면 기록을 하신 모양이야. 말씀을 해주시니까 고마운 일이지.

조사자: 독도경비대에서도 서신이 왔네요?

김태수: 현재 (독도)경비대에서 감사장까지 보내왔어요.

조사자: 아까 거기 전신환 있었잖아요, 확인증.

조사자: 아버님께서 울릉도에 돈을 보내셔가지고, 이 분께서 거기에 대한 감사장을 보낸 것이에요.

김태수: 거기 있죠? 요것이 지금 현재 거기서 보내고, 유물관에 있을 거예요.

조사자: 그럼 오래전에 노인회장을 하셨구만.

김태수: 어, 그래 여기 지금 현재 서산사를 만들고, 노인당을 만들고, 회장을 만들고, 여기 지금 현재 문화재를 전부 다 아버님이 다 이렇게 만들었는데, 여기 하신 분들이 그 전에 회장들이 다 돌아가셨지요.

조사자: 여기 보면 울릉도행을 무엇으로 증거할 것인가? 고민을 써놓으셨네요.

김태수: 고민을 하신거야.

조사자: 한국에 국가에 대한 그 우리나라에 대한 애국에 관심이 있으셨네, 스크랩을 다 해놓으셨네. 울릉도의 진출, 거문도 인들의 역사를 쭉 해놨네, 350년. 기약 없는 이별 노래도.

김태수: 그 당시에 나온 노래가 여기 술비야 노래에도 기록되어 있어.

조사자: 조금 다를 순 있겠습니다만…

김태수: 여기도 각각 다른 여러 군데 써져 있어요, 꼭 아버님이 연월을 (써놓았어요).

조사자: 그러면 할아버지가 돌아가신 거는 1800 몇 년쯤 됩니까?,

김태수: 돌아가신 연도가 여기 있잖아. 돌아가신 연도는 (족보에 1896년으로.)

조사자: 제삿날은 세 분이 다 같으시고.

조사자: 이렇게 한 게 어르신이 하셨나요? 이렇게 (낱낱의 메모지를) 붙이시고 내용별로 정리해서 한 권씩 표지 붙이고 하는 작업을?

조사자: 이거는(표지와 내용분류는) 지금 김 선생님이 그렇게 하셨죠?

김태수: 응 내가 다 내가 다 한 거야.

조사자: 내용은 어르신이 하신 거고.

김태수: 응 내용은, 이놈을(이 자료를) 전부 종이가 전부 이렇게 차곡차곡 해놓은 거를.

조사자: 2대에 걸쳐서 하신 겁니까?

조사자: 2대 걸친 작업이야.

김태수: 아버님이 돌아가신지 몇 년 됐지요. 나가(내가) 그동안에 딴 일 다 해놓고 차분하게, 딴 사람 할 사람이 없어서,

돌아가시고 다 했어요.

조사자: 올바로 읽지도 못하고(어렵고) 낙서한 건 줄 알았겠습니다.

김태수: 형제간들이 있었지만 누가 볼라고 생각도 안 해요. 그 연도별로 새겨놓은 거, 이거 하나씩 보면 그거 다 울릉도 관계니깐. 아버님이 근래까지 그 페이지를 썼어. 연도별 만들어놨더만. 병술년 누구는 몇 년 이렇게 몇 년도 다 있어.

조사자: 아~ 준자 근자시죠? 신미년 생이고 병신년 생이니깐. 요거는 찾아봐야겠네.

김태수: 조견표를 아버지가 만들어놨던데? 나가 그거까지 다 붙여놨어, 전부 다 그 때는 몇 년도라 하는 거, 무슨 년도라 하는 거.

조사자: 이건 물이 떨어져가지고 다 이렇게 번져버렸네, 그래도 읽을 순 있네, 일로 전쟁 시 거문도를 이용해 망루 설치 등이 그것이다. 정부에 국방상에 요충임을 환기케 할 것이다. 부단하게 노력하셨네.

김태수: 지금 독도에 대한 것만 나가(내가) 쭈욱 뽑아놓은 거야, 울릉도 관계만 된 것을.

조사자: 울릉군지에 나온 거를 뽑아놓으셨네. 그래도 박정희 대통령을 좋아하셨던 모양이네.

김태수: 그 시절 때는 박정희가.

조사자: 영웅처럼.

김태수: 그 때는 새로운 것들을 발전을 위해서 만들어 놓은 것에 대해서 관심이 많았던 거예요. 박정희한테서 거시기가(편지가) 오고 그랬지요. 박정희 때 울산석유화학 만들었는데, 내가 울산 석유화학(단지)에서 근무를 했어요. 석유화학 만들기 정말 고생들 많았죠.

조사자: 울릉도 거문도 자매결연 요거는 언제 맺은 거지, 경상북도 전라북도 요거는 자매결연을 맺은 적이 있네.

김태수: 요거는 아무튼 울릉도하고 거문도 자매결연을 했어, 아버지가 울릉도까지 가셨거든.

조사자: 그렇게 해왔는데 안 이어져오고.

김태수: 안 이어졌지라이, 이어질 수가 없잖아요. 거기서 거문도가 지금 울릉도를 가봤는데, 가봤을 때 거문도도 마찬가지로 바람도 불어 못가고.

조사자: 너무 멀어서.

김태수: 멀기만 먼 게 아니라 바람 불면 거기 가서 오도 가도 못 한께.

조사자: 울릉도 유물 해안 수석 화산분구, 상상구조, 김필용 한지, 김벽곤 벼루. 이런 것도 다 남겨놓으셨네.

김태수: 이 분들이 지금 아버지한테 거문도 한번 다 거쳐 가신 분들이에요.

조사자: 아 그렇습니까? 순천대학교 박물관장, 여수지방 항만관리청, 나카무라 히토시, 아시아대학 교수…

조사자: 일본 사람들 대단한 거여.

조사자: 일본인들은 다 남기거든요, 쪼끔한 거라도.

김태수: 거문도 역사가 어떤 식으로 되어있냐 하면, 서도리에 계신 분만이 그 기록을 할 수 밖에 없는, 그러니까 시대적인 과정, 이 마을 사람이 아니면 몰라요.

조사자: 여기가 중심지?

김태수: 그 속에 아버님이 이런 걸 기록하신거지, 저 거문리나 덕

촌이나 가봤자 울릉도 말이 무슨 말인지도 모를 정도로 모른다는 거죠, 관심 없죠. 내가 말씀은 내가 내 나이에 아버님에 대해서 얘기를 하고자하면 지금 거문도 내에서는 이렇게 기록을 할 수 있는 사람들이 없어요. 그 시대 때 저희가 어떻게 살았습니까? 먹고 살기 바빠서 다 허둥대는데, 바다에 나가야제, 아버지가 차분히 기록을 했어요. 일절 밖에 나가지도 않고 한번씩 세무서나 왔다 갔다 했죠.

조사자: 맞습니다. 먹고 사는데 도움도 안 되는데.

조사자: 요기 요런 데 해놓으셨네, 우리 거문도 사람들이 계절풍을 타고 울릉도로 떠난다. 서쪽 바다 의주도 가고 한강도 간다. 우리 조부님, 이봉율 조부, 어금순 조부와 해주 송도 땅에서 미역을 싣고 가다 그 쪽 도적 해적들한테… 이런 거 참 좋은 구술이에요.

조사자: 송도입니까?

김태수: 송도까지 올라갔다 그랬잖아요, 인천 송도.

김태수: 그 말은 무슨 말이냐면, 양곡을 바꿔와 미역 같은 걸, 그 놈을 갖고 어디로 가냐면 울릉도로.

조사자: 요런 식으로 해놓은 게, 거문도 초입도는 언젠가, 이것도

해놓으셨네. 울릉도 개척생활의…

조사자: 그럼 김윤삼 어르신은 민국일보 인터뷰 한 분은 거기 관한 기록은?

김태수: 윤삼이 할아버지는 나도 그 할아버지 알아. 할아버지 아드님이 아까 유물관 사진.

조사자: 김충현 어르신, 여기 김윤삼 씨 손녀사위.

김태수: 손녀사위? 어디서 만났어?

조사자: 아직 못 만났습니다. 만나기로 약속해놨습니다. 감기가 좀 심해서 내일 쯤 보기로 했어요.

조사자: 그러니까 김윤삼 씨 아들이 여기 계시잖습니까? 그 분이 김충현 씨 아닌가요?

김태수: 아니에요. 그분은 사위예요, 사위.

조사자: 김충현 씨는 김윤삼 씨의 손녀의 남편입니다.

김태수: 이 분이 아까 말하자면 김윤삼 씨 아드님인 김윤식이야.

조사자: 아 이분이 아드님이시구나.

김태수: 아드님이야, 아드님의 사촌 지금 딸일 거야. 요 집이에요. 요 집이 울릉도 산이야, 나무를 깎아놔서 만들어놨자나.

조사자: 그럼 뭐 지금 현재 이런 유물이 없다고 하더라도 이런 기록이 사진을 그대로 활용하면 되지요.

김태수: 없어.

조사자: 어차피 있다 하더라도 우리가 사진 찍어야 되는데, 그러면 김윤식 씨의 자제분은 어떻게 됩니까? 딸 하나 밖에 없습니까?

김태수: 아냐 아냐, 이 분이 자제분들이 아드님 한 분은 돌아가시고, 한 분은 부산에 두 분이 다 부산에 가있을 거야.

조사자: 박정희 의장한테 올린 그거네(편지네).

김태수: 전두환이까지, 많이 편지했지. 청와대고 뭐고 그런 거 없어.

조사자: 이렇게 노력을 했다는 건 팩트로 있는 거니깐, 거문도 역사를, 이런 것도 정리를 해야지, 그게 일기내용은.

조사자: 1905년 이전에 울릉도 독도에 간 게 있어야 의미가 좀 있거든요, 1905년 일본이 불법 편입했으니깐.

조사자: 어쨌든 1905년 이후라도 이런 역사가 계속 여기 있으니까 그것도 나름대로 의미가 있습니다.

조사자: 그 노력이 기록되었다는 거죠. 박정희 최고의 의장한테 뭐 건의를 보냈다던가.

김태수: 그 후로 거문도 기록은 나밖에 없어요, 100주년 역사 속에서 이 분들이 남긴, 후임들이 만들어 놓은 서도 국민학교, 서도 국민학교 지금 광주, 목포 (다음으로) 세 번째 국민학교가 서도 초등학교예요.

조사자: 전라남도에서 세 번째로 오래된 (초등학교)?

김태수: 예, 이분들이 어떤 사람들이었냐면, 여기에 인물들이 나와요. 인제 이 분들이, 이분들 시대에서 (학교를 세운거지요).

조사자: 그럼 1900 몇 년에 서도 초등학교가 세워진 거죠?

조사자: 1871년입니다.

김태수: 여기 지금 했지요, 여기 있어요. 이분들이 현재 거문도의 역사를 만들어낸 사람들이에요. 이 자료가 어떤 식으로 봐야 되냐 하면 지금 이 자료는 100년 전을 말하는 것이고, 후로는 여기 하나 보면 다 알지.

김태수: 그 지금 아까 안에 본 거 유물관 안에 있는 것이 전경 사진이야, 그 안에 정보가 다 있어. 그 안에 내가 전부 다 사진 찍어서 만들어놨지.

김태수: 행사를 할 때 거의 100년이라. 내가 국민학교 33회. 여기 역사가 기록되어 있어. 거문도가 상당한 문명이 빨리 들어와가지고 인재들이 많이 나왔지요.

조사자: 그러니까 할아버지 대에서 목숨 걸고 뭐 서해로 동해로 다니고 울릉도 가서 배 만들고 해서 비교적 돈은 (좀 모았겠네요?)

김태수: 그래서 거문도 사람들이 먹고 산 게, 노래가락이 다 있잖아요, 누구를 먹고 살릴꼬.

조사자: 돈은 좀, 부유했던 것 같습니다. 그 과정에서 수많은 분들이 바다에서 세상을 떠났고.

김태수: 거문도 사람들이 어디로 뻗어나갔냐 하면 일본으로 먼저 갔지요, 제일 먼저, 여기서 내가 일본 선생이 하나가 있어요, 우리 할아버지가 이때 교장이지요, 내가 서도국민학교 졸업반들을 싹 다 이거 빼놨어요. 졸업한 사람들, 내가 이걸 책을 만들라다가 안 만들고.

김태수: 내가 왜 이거 보여드리냐 하면은 여기에 지금 내가 친구

들이 몇 회 졸업생인지 모르면 내가 이 놈 보고 찾아주지, 몇 횐가.

김태수: 우리 어머니가 그러신 분이야, 어머니가 8남매 교육을 시키는데, 울 아버지 맨날 이것만 일하고 방안에 앉았지, 우리 어머니가 주유장(양조장)을 맡고.

조사자: 장한 어머니로 선정되셨네요.

김태수: 돌아가셨지만, 어머님에 대한 어떤 이런 거 보고 아버님이 갖고 있는 자료를 더 챙겨놨어요.

조사자: 아버님하고 어머님이 역할 분담을 정하신 것 같습니다. 아버님은 오로지 기록 남기시는 거(에만 정성을 쏟으신 거 같습니다).

조사자: 일기는 언제부터부터 적으신 겁니까?

김태수: 아버지는 일기장은 일기장대로 별도로 일기를 쓰시고 중요사항을 아까 그런 데로 다 빼놓은 거야 내가 전부 구석에다 빼놓은 거예요. 복사를 시키고 요놈을 체계적으로 남바(번호)를 써가지고 원문을 찾을라면 원문 남바를 봐야하니까. 이건 일기장 속에 나오는 게 아니고 이것은 아버님이 별도로 거문도에 일어나는 일들을 된대로 써놓은 거야. 우리 집사람은 거문도에서 12년 동안,

나는 객지로 돌아댕기고 우리 마누라는 부모를 모시고 십 몇 년 살면서 아버지 테이블이 저겁니다. 내가 그래서 테이블을 안 버리고 아버지가 꼭 테이블을 갖고 계셔. 앉아서 써요. 그리고 나이가 드셔도 따땃한(꼿꼿한) 자세, 저 글씨가 앉아서 쓴 글씨예요. 따땃하니 앉아서 생각난대로.

조사자: 요래 앉아서 쓰신 거예요? 사모님은 다 보셨겠네요?

김태수: 나가 우리 집사람이 글씨가 이렇지 않으면 아버지가 이렇게 이렇게 썼다 이런 거예요.

조사자: 하루에 몇 시간씩 보통 앉아서 글을 쓰셨나요?

김태수: 12시간 넘게.

조사자: 연표도 다시 만드셨네.

김태수: 또 쓰고 또 쓰고 한 거 있어, 나가(내가) 이거 보다가 눈이 나빠져버렸당께, 하루 종일 이놈을 보고 있을라니까.

조사자: 평생을 해놓으신걸 보실라고 하니까.

김태수: 요놈을 (이 자료를) 컴퓨터에 다시 올려야 되는데.

조사자: 요게 찍고 할려면 여간 번거로운 게 아닙니다.

조사자: 혹시 사발 돛배라고 어떤 배인지, 사발 돛배라고 사발 돛배를 타고 다녔다던데?

김태수: 여기 배 이름 다 있어요. 지금 그 때 당시에 아버님이 적어놓으신 배가 기록이 다 있어요.

조사자: 그걸 타고 의주로 원산으로 (다녔다).

김태수: 누구 배 누구 배 누구 배 이름이 다 있어요. 여기 지금 현재 누구 배라고 얘기할 수도 없고 내가 지금 보고.

조사자: 배 이름이라는 거는.

김태수: 그 때 당시 아버지가 써놓은 건 누구 집 배, 누구 집 배.

조사자: 그니까 이게 여기도 보면은 이 시기에 울릉도 가면 부족했다. 콩 1두, 울릉도 가는데 뭐 점심 먹고 간다. 전복을 쥐가 물고 올라간 거 뭐. 단 댄 배, 이런 조그마한 기록들이 있으니까 흩어져 있는 기록을 모아야 될 거 같아요.

김태수: 배 이름들이 대여섯이 있어요. 명단이 있어요. 굳이 내가 그것도 찾아봤지. 그 때 당시 어떤 배가 있었는지.

조사자: 천 석짜리 배를 타고 갔다고 했는데?

김태수: 돛단배죠, 그 때는. 돛단배라도 이게 아마 엄청 큰 배겠지요.

## 3. 원용삼의 구술증언

- 일시: 2018.2.10.(토) 10:00~12:00
- 장소: 여수시 고소동 자택
- 제보자: 원용삼(84세, 거문도 서도리 출신)
- 조사자: 이태우, 박지영, 최재목, 정태만
- 조사내용: 1867년 증조부가 울릉도·독도로 도항했다 귀향길에 조난당해 사망한 이야기 구술증언

조사자: 오래전에 수산대학을 나오셨다고요?

원용삼: 네 저는 이제 여수 수산고등학교를 나와서 그래서 부산 수산대학을 나왔죠.

조사자: 네.

원용삼: 그래가지고 우리가 수산대학을 다닐 때만해도 부산에도 제대로 학교가 없었죠. 우리가 휴전되고 6.25 휴전되고 이듬해 수산대에 갔으니깐. 그때 부산에 가니까는 뭐 하여튼 그때만 해도 피난민들이 뭐 산모퉁이에 판자 집이

즐비하고. 길가에는 움막 그… 땅 파가지고 미군부대에서 나온 비닐 같은 걸 덮어가지고 움막이 있고 그때만 해도 그랬습니다.

그때 부산대학이 지금 장족의 발전을 했지만은, 부산대학만하더라도 학교가 없었어요. 지금 금정… 거기다가 판자십 몇 개 지어놓고 거의 간판만 설어놓다시피 한 때고. 이제 수산대학은 일제 때, 전문학교 일제 때부터 있던 학교니깐 교사라도 빤질하게 있었는데. 동아대학도 이제 학교가 돈이 없으니깐 천덕꾸러기 취급받고 그럴 때입니다, 그때.

조사자: 네.

원용삼: 그때만 해도 대구에서도 많이 왔습니다. 그때는 수산대학은 전국대학입니다. 저기 위에 강원도 고성부터 해서 어디 뭐 인천, 서울. 서울에서도 내려왔어요. 지금은 수산대학이 많이 퇴보했죠, 옛날에 비하면. 그래서 저는 학교를 어로학과를 나와 가지고. 저는 고등학교부터 대학까지 어로학과만 나왔으니까는 저는 그때 원양어부에, 일찍 원양어부에 들어갔습니다. 원양어업부터 시작했습니다. 그러니깐 대서양, 대서양 어장이라는 것은 우리가 개척을 했죠. 말하자면… 그때 뭐 대서양이 한국 배라는 건 없고 대서양에 가 본 사람도 없고 한국 사람이, 그럴 땐데 우리가 제1차로 대서양 가 가지고. 대서양이 어디가 어딘지도 모르고 일본사람들이 쓰던 자료 그런 거 가

지고 … 지금 포클랜드 그 영국하고 싸우던 그 포클랜드 같은데, 그 근처니까 뭐 알젠틴(아르헨티나), 브라질 그 위에 뭐 버뮤다도, 라스팔마스 뭐 온 세상, 뭐 남아연방 공화국 갈 데 다 갔습니다. 하여튼 그러니깐 참 지금 생각해보면은 어떻게 내가 그러고 다녔던가 싶으면 하라고 그러면 못하겠습니다.

조사자: 어르신 할아버지 세대는 울릉도 독도까지 가셨다고요?

원용삼: 할아버지는 안가시고, 할아버지의 아버지.

조사자: 아 네, 증조할아버지.

원용삼: 증조부가 울릉도 갔다오시다가 조난을 당해가지고 올 때 그래됐죠 나로도. 거기까지 와가지고 거기서 조난당해가지고 거기서 돌아가셨어요.

조사자: 아~

원용삼: 그래가지고서는 그때 이제 그 배가 조난당해가지고 많이 죽고 사람이.

조사자: 나로도 근처에서요?

원용삼: 아 오다가 그렇게 됐죠. 배, 나로도… 건너오다가 그래

됐죠… 거기 그래서 생존자들이 마침 증조부님께서는 그 바닷가에 시체가 밀렸던 모양이죠. 그래가지고 수습해가지고 거기다가 가장을 해놓고, 가매장을 해놓고 왔었는데, 그때 할아버지가 몇 살 이냐하면 9살 때입니다. 증조할아버지가 돌아가셨을 때.

조사자: 그럼 대략 그때가 몇 년도쯤 됩니까?

원용삼: 그러니깐 조부님이 1858년생입니다. 1858년 12월 19일생이신데 조부님이, 그 돌아가셨다라는 증조부님은 1834년 8월 15일생이거든요. 석자 호자 그렇습니다만은, 할아버지 아버지이신 증조부님 성함이. 그러면 저의 조부님 되시는 분은 세자 학자 조부님은 1858년생이고, 그러면 9살 때라고 하니깐 말하자면은 (돌아가신 해가) 1867년도 그쯤 되겠죠.

조사자: 음… 1867년경에 울릉도에 가셔서…

원용삼: 울릉도에 갔다 오시다가 나로도에서 (조난을 당해 돌아가셨어요)…

조사자: 그럼 이제 독도까지 가셨는지…

원용삼: 독도는 우리가 듣기에는 울릉도 가면은 일본사람들이 와있으면 일본 사람을 쫓아냈다고 그래요. 그런데 울릉

도에서 뗏목을 만든다고 그래요.

조사자: 네~

원용삼: 뗏목을 만들어 가지고 날씨 좋은 날, 날씨 좋은 날 봐 가지고 독도를 건너간다고 그래요. 독도를 가면 미역 같은 거, 천지로 널려있으니깐 거기에서 이제 독도에서 그 하루 채취해가지고

조사자: 네~

원용삼: 독도에 1박을 하고 그 다음날 이제 울릉도로 건너온다고 그래요.

조사자: 독도는 식수 같은 게 제대로 없으니깐 오래는 있기 어려웠겠지요.

원용삼: 오래 있을 수도 없고 또 날씨가 나쁘면은 어디 배를 나둘 만한 곳도 없고. 그리고 음… 실제 지금생각해보면 가능했던가 모르겠는데 뗏목을 만들어서 그 뗏목에다가 돛을 달았다고 그러거든… 돛을 어떻게 했겠어요. 뭐 달았겠죠.

조사자: 조그만한 뗏목 배였겠죠?

원용삼: 아 그러니깐 울릉도에서 나무를 베서 울릉도에서 만들었겠죠, 말하자면.

조사자: 울릉도까지는 갈 때는 큰 배를 타고 가고, 다시 울릉도에서.

원용삼: 큰 배랄 것도, 말하자면 그때 말하자면, 거문도 말하자면 경제사정으로 봐서 큰 배랄 것도 얼마나 되겠어요? 지금 생각해보면 거문도 그… 울릉도 갈 때 울릉도에 갈 때 쓰는 줄, 그 술비야 노래 그 전해오지요? 그때 줄을 묶어서 했다는데… 그걸 가지고 배를 막 묶었다고 그래요 이렇게. 그래서 그때는 지금같이 쇠못 같은 걸 별로 쓰지도 않았던 거 같아요.

조사자: 네 맞습니다.

원용삼: 그래요 나목 같은 걸 이런 걸 매가지고 배가 부실하니깐 배가. 부실하니깐 그걸 매가지고 그냥 가다가 떨어지면 또다시 매고 그랬다고 해요. 말하자면. 그래서 울릉도를 가면 배가 완전히 못써버리니깐. 울릉도에서 다시 배를 또 울릉도엔 나무가 처판으로 널려있으니깐.

조사자: 그러면 떼배가 맞을 수도 있겠네요, 떼배.

원용삼: 네 그랬는데 그래가지고 울릉도서 배를 만들어가지고

타고 오고. 우리가 먹개 같은 거 배에 실을 수 있으면 싣고. 거문도 우리가 어렸을 때까지만 해도, 상당히 오래 됐었는데, 서도리 같은 데는 울릉도에서 (나무를) 가지고 와가지고 지었다는 집도 있었어요.

조사자: 어르신은 동도?

원용삼: 아니요. 저는 원래 우리 조상들은 동도리에 살았습니다. 저는 덕촌으로 건너와서 증조부 때부터 건너왔습니다. 그러니깐 우리까지 6대째인데 거문도가 예…

조사자: 아~ 증조부님이 울릉도 가실 때는 덕촌으로 이사를 하고 난 다음에, 덕촌은 서도리, 장촌 옆에 그쪽.

조사자: 서도리.

원용삼: 증조부님이… 그런데 우리까지 6대째인데 우리로서는 고조부 아버지 되죠. 말하자면 4대조 되시는데 족보에 보면은 거문도 별장으로서 거문도에 무관으로 들어왔습니다. 거문도 별장으로.

조사자: 무관으로?

원용삼: 거문도 지키라는 그런 것이죠. 그런데 지금 이제 전해 내려오기는 그러면 4대조 할아버지께서 그때 뭐 참판,

그러니까 차관이겠죠? 제주도 귀양살이를 나가가지고 귀양살이에서 풀려나가지고 오다가 하여튼 병이 나가지고 가까운 섬으로 들어가자. 해서 거문도 와가지고 돌아가셨다고 그러거든 그때. 그 왕이 거 참 좀 측은하게 여겨가지고 그 아들보고 거문도 들어가서 거문도를 하여튼 다스리고 거문도 들어가거라. 그래가지고 별장 벼슬을 줘가지고 그 아들하고 4대조가 거문도 들어와서 살게 되었다 이런데. 그것이 지금 역사적으로 증명이 안 되는 거예요.

조사자: 그 조상님 존함이… 어떻게 되시나요? 참판 하신 분이 원…

원용삼: 누가요? 그건 족보를 봐야 알겠어요.

조사자: 네~

원용삼: 그래가지고 말하자면 역사적으로 증명이 안 되요, 그것이. 말하자면 구전으로 전해와요. 그래도 족보에는 3대 별장으로 되어있는데 형제분들이 전부 다 여주에 묻혀 계십니다. 여주.

조사자: 경기도 여주?

원용삼: 족보를 보면은 경기도 여주. 여주에는 원 씨가 많이 살

죠. 우리가 전부다 산소가 여주에 있는 거 보니깐 여주에서 내려온 게 확실한 거 같아요. 형제분들이 지금 여주에 산소가 있으니까.

조사자: 어디 원씨세요?

원용삼: 네? 원주 원씨. 원씨는 원주 원씨가 단본입니다.

조사자: 어르신 오늘 상당히 역사적으로 독도 지키는 의미 있는 그런 말씀을 지금.

원용삼: 아이… 오다가다 들은 얘기죠 뭐.

조사자: 그러니깐 1867년에 울릉도, 독도에 갔다 오시다가 조난을 당해서 이제 나로도에서 이제 그…

조사자: 배도 그 아까 말씀드린 엮어서 한다라든지…

조사자: 그러니깐 울릉도 갈 때 가는 배든 어떤 배든 엮어서 하다보니깐 1년만 타면 못 쓰는 거죠. 어차피 울릉도 가서 배를 새로 안 만들면은.

조사자: 갈 때까지만 쓰고 올 때 다시 만들고. 그래서 묶기도 하고 뭐 이렇게. 못도 박기도 하고, 나무못도.

조사자: 그거는 족보인 모양인데 대동보.

조사자: 족보 하나 찍어놔야 될 거 같은데…

원용삼: 거시기 거문도라 되어있죠(자료를 보시면서 설명 중).

조사자: 거문도라 되어있네요.

원용삼: 거시기 이게 4대조입니다. 이자 성자 그리고 여기가 증조부 되시죠. 말하자면 여기가 이쪽이 할아버지 항렬인데, 여기 보면은 여기가 삼도별장이라고 되어있죠? 벼슬은 삼도별장이다. 족보는 그렇게 되어있습니다. 허허. 그리고 찾아보면 형제분들이 전부 여주에 다 묻혀계시거든요 그러니까는.

조사자: 고조분… 원자 이자 성자 할아버지~(자료 보시면서)

조사자: 울릉도 갔다 오신 증조부님이?

원용삼: 여깁니다. 원석호… 제일 그 막둥이 되십니다. 형제간들 중에서.

조사자: 증조부님이요?

원용삼: 아. 네 증조부죠 . 여기가 그 면장 하셨다는 그 할아버지고.

조사자: 아~ 조부모님이시고.

원용삼: 네.

조사자: 음력 6월 17일 날 돌아가신 걸로 되어있네요.

원용삼: 네. 그때까지 울릉도에 다니고 있었다라는 얘기가 되겠죠. 말하자면.

조사자: 그렇죠. 거의 몇 년 다니셨다고 보는 게 맞지요.

조사자: 울릉도 갔다오시다가 (돌아가셨다)라던가… 그런 말은?

원용삼: 그런 말은 없었습니다. 그런 얘기는 없었고, 원래 족보에는 세세하게 그렇게 나오지 않습니다.

조사자: 그러면 어르신은 수산대 들어가시므로 해서 또 다시 고향에 들어오신 겁니까?

원용삼: 아니 그래서 이제 나와가지고 서울에 있었습니다, 계속.

조사자: 네~

원용삼: 서울에 저 친구가 거문도에다가 거기를 축양 만들어가지고 조카한테도 맡겨가지고 계명을 했는데 이놈들이

거기를 팔아먹어버리고 뜻대로 안 되고 하니깐, 적자투성이고 하니깐 나보고 내가 고향이 거문도가니깐 그래서 나보고 맡아보면 어떻겠느냐? 이래가지고 내가 고향에 들어가게 됐죠, 말하자면. 그러면 해보겠다, 그래가지고 맡게 됐는데 나도 원래는 수산이지만은 고기 기르는 거랑은 영 거리가 멀고.

조사자: 그렇죠.

원용삼: 나는 고기를 잡는 것이 일이지.

조사자: 그래 가지고 아드님도 지금 동도에서 양식업 하시고.

원용삼: 그래가지고 날 따라 왔다가 죽촌리 거기 있어버리고. 그러면 이제 다음 그 차남하고 삼남은 전부 서울에서 살고 있습니다.

조사자: 예, 어제 같이 만나서 같이, 예.

원용삼: 그러니까 우리까지 그 거문도 6대. 자 우리까지 그래서 이제 산소가 아버지산은 거문도에 있고, 어머니 산소는 서울에 가있고 그렇습니다. 하하.

조사자: 그때 거문도에서 울릉도 고기 잡으러 가면.

원용삼: 울릉도 고기 잡으러 가는 게 아니고 전부다 미역이나 해산물을 잡으러 갔죠.

조사자: 그래 가면은 그쪽에 사람들한테 돈을 좀 줘야 됩니까?

원용삼: 아니 아니, 그때는 무주공산이에요. 말하자면은.

조사자: 그냥 가는 사람이.

원용삼: 네 아무 것도 없고.

조사자: 네 맞습니다. 무주공산.

원용삼: 그때는 무주공산입니다. 말하자면은 울릉도 역사를 보면은 알 수도 있고…

조사자: 울릉도 개척령보다 더 전입니다.

원용삼: 역사 보면… 러일전쟁 당시에 일본 그 일본의 해군기라고 있죠? 러시아 발틱 함대가 전멸했을 때 말이죠. 그때 해군기를 보면은 러시아 그 군함들이 전부다 격퇴당해서 생존자들이 보트를 타고 울릉도로 들어가서 숨어있었습니다. 그러니깐 일본 해군이 그 단정을, 보트를 내려서 가가지고, 섬(울릉도)에 올라가니깐 거기 말하자면 생존자들이 거기 그 빈집이, 그때까지 집 같은 게 있었

던 모양인가봐요. 울릉도에 간 사람들이 지어놨는 집들이, 그 집에 있는데 이제.

조사자: 그때는 있었죠? 개척령 이후니까.

원용삼: 전부 다 잡아가지고, 그래가지고 포로로 선부다 잡아가지고 그런 기록이 있었어요. 그랬다는 러일전쟁 당시 그때는 아마 없었던 거 같아요. 전부다 비어있고 울릉도에 지어놨던 집들만 있고. 그러면 기록을 보면은 현지인이 있었다는 그런 기록은 없고, 그 빈집에 부상병들 올라간 그 러시아 해군들이 있는 것을 보고 포로로 데려왔다는데, 그런 기록이 있는 거 보면은 그때는 아무 것도 없었던 거 같은데. 뭐 그때로 말하자면 러일전쟁이라는 것이 1904년부터 1905년까지였으니깐.

조사자: 맞습니다. 그때는 사람들이 울릉도에 좀 살았습니다.

원용삼: 그런데 그 현 주민이 있었다는 그런 거는 없어요.

이우진: 그럼 증조부님보다 더 밑에 고조부님도 울릉도에 가셨는지 어땠는지 그거는 알 수가 없는 건가요?

원용삼: 예 그건 알 수가 없지요. 그러니깐 할아버지가 거문도 고향을 떠나신 지 19년 만에 고향에 돌아왔습니다. 그래가 34살에 거문도에 돌아왔습니다. 19년 만에. 15살에 거

문도를 나가가지고 19년 만에 돌아와 가지고 (나로도에 가매장을 해 둔) 아버지 (유골을 찾아서) 산소에, 이장을 할려고…

조사자: 수문장이신? 바로 조부님.

원용삼: 네.

조사자: 서른 살 되셔서 말하자면.

원용삼: 그때 생존자들을 나로도 보냈는데 가서 이장을 해야겠다. 그러니깐 유골을 하여튼 모셔와야겠다. 그때 간 사람들이 처음에 거기 가매장을 할 때 큰 돌을 올려가지고 표시를 해놨고 왔는데.

조사자: 표석을…

원용삼: 그때 가보니깐 도저히 너무 못 찾겠다 그래요. 그래서 거시기다가 할 수가 없어가지고 어머니 묘소만 해가지고 거기다 거문도에 산소를 썼습니다.

조사자: 이 어른은, 김윤삼 어르신은 천석자리의 뗏목 배로 내왕했다는데…

원용삼: 뗏목 그 다음 배라 할 것이지 이제, 보통 우리가 여 말하

는 뗏목을 타고.

조사자: 그건 아니고, 그건 아닌데.

원용삼: 여기는 이제 그걸 갖다가 뗏목 배라 했던 모양인데, 보통 배죠. 보통 배고, 우리가 말하는 울릉도에서 독도로 갔을 때, 뭔가 많이 실어야 하니깐 돛을 달게 했던 모양이죠. 그래서 날씨 좋은 날 가가지고 울릉도에서 독도로 건너간다는 거예요. 가면 미역 같은 거 천지니까. 막 쓸어가지고 오래 있지는 못하니깐. 또 날씨가 나빠지면 뭐 못하니깐. 하루 머물고, 해 가지고 울릉도로 돌아온다고요. 그러니까는 그때 그런 걸 타고 거문도에서 울릉도까지 어떻게 갑니까? 못 가는 거죠. 뗏목 배라고 한 거 보니깐 뗏목같이 어떻게 만들었겠죠. 그런데 술비야하고 노래에 나오듯이 그 칡넝쿨 가지고 주로 만들어가지고 묶었다고 하니깐. 상당히 허술한 배겠죠.

조사자: 좋은 배가 아니라는 뜻이군요.

조사자: 허술한 배라는 그런 뜻으로 지금 뗏목 배 타고 이렇게.

원용삼: 마 그렇게 봐야지, 지금 그런 뗏목을 타고 어떻게 거(기) 갑니까? 배 부러져서 못갑니다.

조사자: 그 당시에, 당시에 일본 사람들도 울릉도까지는 큰 배로

가서 독도로 건너갈 때에는, 조그만 배를 따로 만들었습니다. 독도에는 배 댈 데가 없어요.

원용삼: 일본말로 하더라도 거기서 뭐 주로 뭐냐, 울릉도 간 사람들이 전부 다 일본 본토 사람이라기보다는, 오키시마 거기서 가는 건데, 거기도 상당히 먼 거리죠. 거기도 먼 거리인데, 어떻게 뗏목 배를 타고 어떻게 갈 겁니까? 거기를.

조사자: 선생님, 그러면 거기 천석 배라고 하면 어느 정도의 규모를 얘기하는 겁니까?

원용삼: 천석이라는 말하자면 좀 크다 봐야지요, 곡식을 천석 싣는다고 하면, 천 가마니를 싣는 다는 얘기죠.

조사자: 그것도 큰 배라는 얘기인데.

조사자: 큰 배에서 그렇게 만들어서, 울릉도 와서 그걸 타고 뭐, 다녔겠죠.

원용삼: 그런데 이런 건 있어요. 거문도 와 가지고서는 이제, 거문도에서 해서 그때는 거문도도 해산물이 많죠. 그런 걸 한 가득 싣고, 저 서해안으로 거슬러 올라가서, 강경까지 간다는 거예요. 그러면 아실 거예요. 옛날에는 강경장이라는 곳이 팔도 삼대장 하나이니까. 금강을 거슬러 올라

가서 가가지고, 거기서 이제 여 그때는 물물교환을 많이 할 때니깐 곡식하고 이제 많이 확보하지요. 그러니깐 거문도에서 난 곡식가지고서는 식량 가지고는 거문도 사람들이 한 3~4개월 밖에 지탱을 못해요.

원용삼: 여기서 천석 배라는 것은, 천석이라고 하나면, 그때는 단위를 어떻게 쟀는지는 모르겠지만, 지금 천석이라고 하면은 이천 가마니 되는 거 아니냐 말이야. 그때 당시에는 촌에서 조선기술로나 경제사정으로나 어떻게 그런 큰 배를 지어. 임진왜란 때 이순신 장군이 타고 다니던 판옥선 그런 배라면 모를까. 그만큼 배가 컸다는 뜻이지.

조사자: 그러면 선생님 저기 아까 증조부님이 그렇게 돌아가셨다는 애기는 어느 분한테 들으셨어요?

원용삼: 그거는 집안 애기라 계속 내려 와요, 그렇게. 지금 우리 대 밑으로는, 우리 때까지만 해도 대가족제도였지 그때만 해도. 제사 지내려면 집안이랑 전부 다 큰아버지, 친척들 다 모이고 이랬지만은. 지금 말하면 지금 사람 사이에서 이렇게 여차저차 해서 핵가족제다 하면서 뻥 뚫려서 흩어져버리고 인천 사는 놈, 서울 사는 놈, 부산 사는 놈 흩어져 버리고, 그러다가 돌아가셔버리고. 뭐 있어야죠, 사람이. 저는 집안 내력도 지금 몰라요, 전부 다. 우리까지가 전부에요.

조사자: 수문장 할아버님께 직접 들은 건 아니고요.

원용삼: 아 나 네 살 때 돌아가셨기 때문에 몰라요. 난 다 아버지한테 들었어. 아버지 큰아버지한테.

조사자: 아 예예.

조사자: 아까 가묘를 썼는데, 바위로 눌러 놨는데도 몰랐다잖아요. 근데 그런 건 다 들어서 아는 이야기죠.

조사자: 근데 저기 증조할아버님 원 석자 호자 할아버님이요. 묘지가 수신포치로 되어 있는데, 수신포치가 어디에 있습니까?

원용삼: 지금 덕촌.

조사자: 덕촌에 있습니까? 덕촌 어느 쪽에 있습니까?

원용삼: 덕촌 저 해수욕장. 덕촌 해수욕장 있거든요?

조사자: 뒤쪽에요?

원용삼: 해수욕장 바로 거 올라가면 등선입니다.

조사자: 지금은 거문도 호텔이 있는데.

원용삼: 예. 지금 우리가 해수욕장 있는 (곳을) 소신포라 한다고. 지금 유림, 유림이라고 하는데, 왜 유림이라고 하게 됐냐면 거문도 사람은 그 내력도 잘 몰라요. 일본으로, 일본으로. 만(灣)같이 그 육지 쪽으로 이렇게 들어가는 데, 그걸 갖다가 이리우미라고 그럽니다. '들 립'자, '바다 해'자. 바다가 들어왔다. 이리우미라고 그럽니다. 그러면 입자 쓰고 강자 써가지고. 그러니깐 거문도에 고기가 많이 났으니까 그래가지고 조선왕조 말기 때부터 해서 거의 옛날부터서 일본 배들이 많이 들어왔어요.

조사자: 아 그래서 이리우미가 유림이 된 거군요?

원용삼: 그러니깐 이것이 어리고 뭐 하다 보니깐. 일본 사람들이 이리우미라고 하니까, 한국 사람들도 따라서 이리우미 하다 보니깐 옛날 유림이 돼 버렸죠. 지금 사람들은 왜 유림인지도 모르고 유림, 유림 하거든요. 원래 이름은 소신포에요. 아까 저 증조부님 묘소가 있다는데, 그 넘어 쪽은 대신포. 그러고 이제 조금 옆쪽 옆으로 하면 이제, 고래경자짜리의 경신포라 합니다. 왜 그러냐 하면은 옛날 고래가 많이 모였다는 거예요. 고래가 많이 모인 깊은 해다. 그래서 이쪽으로는 경신포라 해요.

조사자: 경신포, 경라포 또 그게 어디 있습니까? 그러면 수신포치에 있는 증조할아버님 묘가 가묘라고 그러셨어요.

원용삼: 그렇죠. 할머니, 증조모님 그것만 있어요.

조사자: 합장하셨다고 되어 있는데.

원용삼: 합장을 했는데, 유체는 안 들어 있지요. 그 증조부님 유체.

조사자: 아까 증조할아버님이 어떻게 유체가 떠내려와서 어떻게 알아봤다고 얘기를 하셨는데.

원용삼: 그거는 나로도. 나로도에서.

조사자: 그러면 묘가 나로도에 있는 겁니까?

원용삼: 그런데 찾지를 못하죠.

조사자: 큰 바위 올려놨는데, 바위가 없어져서.

조사자: 그런데 그때 박(운학) 씨 그 분은 사발 배를 타고 (울릉도 · 독도에) 갔다 했거든요. 사발배. 김윤삼 어르신은 천석 뗏목 배 타고 갔데요. 사발배, 뭐 같은 배를 이야기 하는 거겠죠?

원용삼: 두 분 다 같겠지요. 거기서 거기겠죠.

조사자: 그런데 사발돛배, 사발배를 타고 갔다는데…

조사자: 옹기배, 옹기배를 말씀하시는 (것 같습니다). 옹기배, 옹기 싣는 배.

조사자: 그러면 천석 뗏목 배고 사발 배니까. 아마 다 같은 배에요. 같아요.

원용삼: 말하자면 저는 선장 생활을 오래 했던 사람이니까, 바다에 대해서는 조금 아는데, 지금 거문도에서 울릉도까지 상당히 그 지금 가기도 쉽지는 않은데, 그 옛날에 말이야 사발배에 돛 달고 그 거기까지 그 허술한 배를 타고 갔다는 건 목숨 걸라고 하는 거지.

조사자: 목숨 걸었습니다. 사발배는.

원용삼: 아이고 내가 차 한잔 대접해야 하는데…

## 4. 김충석의 구술증언

- 일시: 2018.2.10.(토) 14:00~16:30
- 장소: 여수시 신월동 자택
- 제보자: 김충석(79세, 삼산면 초도 출신, 前 여수시장)
- 조사자: 최재목, 이태우, 박지영, 정태만
- 조사내용: 19C 이전 초도 사람들의 울릉도·독도 도항 관련 구술증언

조사자: 여수시장직에서 퇴임하셨지만 그래도 많이 바쁘시죠? 요즘 어떻게 지내십니까?

김충석: 자서전[8]을 쓰느라고 3년 동안 계속 컴퓨터를 두드렸더니 허리 병이 나가지고, 작년 가을부터 다리를 좀 저는데 이제 다 끝났습니다. 치료를 해야겠습니다.

조사자: 이번에 저희가 거문도 들어가서 어르신 분들 좀 만나 뵙고 예전에 조선시대 말에 울릉도·독도에 내왕했던 이야기라든가, 거문도 관련 자료도 좀 귀한 걸 보고 왔습니다.

---

8) 김충석, 『망중한』(자서전), 상·하 전2권, 금산재, 2017.

김충석: 예 사람들이 많이 돌아가셨어요.

조사자: 맞습니다… 이번에 영남대 독도연구소에서 거문도 자료 총서를 내서 구술한 것을 책으로도 내고, 아카이브 관련된 것은 아카이빙도 하려는 계획을 세우고 있습니다. 그래서 현재 거문도와 초도, 여수 일대를 몇 차에 걸쳐 조사하고 있습니다. 하여튼 알고 계시고, 가지고 계신 거 많이 저희들한테 말씀해주시면 고맙겠습니다.

조사자: 저희들이 이때까지 거문도만 집중적으로 봤는데, 초도, 손죽도 분들도 예전에 조선시대 때 울릉도 · 독도를 다녔다는 애기를 들었습니다.

김충석 前 여수시장과 조사자들의 대담장면(2018.2.10)

김충석: 손죽도는 조사를 해봤는데, 그때는 안 갔대요.

조사자: 아 그런가요.

김충석: 선배 분들도 계시고 하셔서 물어봤거든요. 그… 손죽도 분들은 안가셨다고…

조사자: 30년대 40년대 이까잡이, 오징어잡이 가신 분 얘기하시는 거 아니십니까?

김충석: 예 그러니까 그건 60년대 70년대, 그거하고 독도 가는 것과는 전혀 다르지요. 거문도가 원래는 삼도에요. 울릉도 검찰일기에도 삼도라고 나와 있어요. 거문도라고 된 지는 1887년도 후에 거문도라고… 여기에 보시면, 초도는 전라도 흥양군이거든요. 흥양군 초도 사람들이 개척했다는 그런 내용이 있으니까 한번 참고하시고. 그 다음에 이건, 내가 최근 4년 동안 쓰는 자료입니다.

김충석: 그 다음에 왜 일본 사람들이 집요하게 다케시마를 자기들 꺼라고, 최근에는 더 그러잖아. 강도가 아주… 아베가 집권한 후에 지금, 지금 굉장하잖아요. 하다못해 이번에 북한에서 가수들 와서 노래 부르는 거, 그것에 한라산도 독도도 우리땅, 거기에도 시비 거는 겁니다. 왜 그런다고 생각하십니까? 일본 사람들도 지식인들은 다 알아요. 이미 (독도가) 조선 것인지를. 근데 지금 정치적

으로 너무 소중해서, 지금 나 말고 대한민국 사람들이 아는 건 딱 세 가지입니다.

첫째 지리적 요건, 그건 이제 처음에 자기들이 러 · 일전쟁 때 만들었던 것들, 그때는 수산자원에 대해서는 생각 안했지. 그 다음이 수산자원. 그리고 샌프란시스코 강화조약에서 처음엔 당연히 독도가 들어가 있어요. 근데 일본이 집요하게 공작을 해서 그걸 뺀 겁니다. 근데 뺄 수밖에 없는 것이, 그 당시 원래 일본을 그렇게 빨리 독립시켜줄 생각이 미국에게는 없었어요. 근데 50년에 6.25 사변이 일어나가지고, 밀려서 간신히 통일된다고 막 올라갔는데 중공군의 개입으로, 수도를 다시 내주고 수원까지 내려왔을 때는, 미국에서 한국 포기하려고 그랬습니다. 정확한 얘기입니다. 그 당시 총참모장이 하신 말씀이 들어보면, 정예 일개 사단, 정부 요인만 데리고 일본 중부지방에 망명정부 세우려고 했었어요.

조사자: 그때는 1 · 4 후퇴 때 내려와서, 그 무렵이네요,

김충석: 그때는 파죽지세로 어떻게 해볼 기회도 없이 당해버렸거든. 중공군들은 무기고 기관총도 없어요. 단지 따발총뿐이고 수류탄이랑 빵만 많이 들고 왔다가 나중에 현지 조달하면서, 우리 쪽은 전부 도로 따라서 올라갔거든. 근데 재들은 압록강 건너서 산에서 산으로 일제히 와서 산에서 전부 홈 파놓고, 밤 되면 또 이동하고… 그렇게 쭉 해서 완전히 100리쯤 내려와서 완전히 포위되었다.

거기서부터 반격을 한 거죠. 막 그러니까, 갑자기 밤에 징치고 피리불고 하더니, 바로 텐트 옆에 와서 수류탄 던지고 하니까 완전 혼비백산되고… 이걸 몇 번 이렇게 하니까 혼이 나가버리는 거예요. 충분히 예비대도 있고 그랬다면 덜했을 텐데, 전쟁을 빨리 크리스마스 전에 끝낸다고 하다보니까 결국 당해버리고…
그러고 나서 미국이 빨리 일본을 독립시켜줘야겠다. 왜냐면 조선 적화되는데 일본도 그때 공산당 사회당 완전히 쌨거든, 중국도 49년에 통일 되어버리고… 그래서 이건 빨리 독립시켜줘야겠다… 그래서 샌프란시스코 강화조약을 하면서 처음에는 당연히 들어가 있었고, 자꾸 일본에서 집요하게… 조선 뺏겨버리면 다케시마라도 확보하고 있어야지, 그것마저 소련 함대가 와서 뺏기면 안 되지 않느냐, 그럼 빼라. 영국이나 캐나다나 영연방에서 강력하게 미니까 그냥 뺀 거예요. 뺀다고 해서 자기들 것이 되는 건 아니거든요. 그 다음에 또 한 가지 아는 것은, 최근 20년 남짓 되어가는 하이드레이트라든지 자원 같은 것들 때문에 그럴 것이다 이런 얘기가 나오는데, 근데 저는 놀라운 걸 발견한 겁니다. (여수엑스포) 박람회 때 혹시 오셔서 보신 분 계실지 몰라도, 신카이 6,500이라고, 유인 잠수정인데, 6,500m까지 들어가는 것을 일본이 아주 오래 전에 만들었다고. 일본이 그걸 자랑하려고 박람회 왔어요. 일반 사람들은 별로 관심이 없죠. 나는 워낙 그런 쪽에 관심이 많다보니까 시장이라서 바쁘지만은 그쪽이랑 시간을 조율해서 하루 봤어요. 한번 보니까 제가 기가 막히는 거예요. 아, 이거 때문에 그런 거구나. 대한민국만 모르는 지하자원 원료인지 가스인지 뭔지 엄청난 게 있는 거예요. 땅바닥 속에. 이미 지상광물은 계속 지금 가져갔던 거야. 그 배가 6,500m까지 들어가는데, 3,000m 같이 높은 곳은 누워서 떡먹기지. 한번 들어가면 육상에서 15km까지 채집을 할 수가 있어요. 물속에서는 너무 많지만은… "이거 들어가면 지하 광물까지 다 채취하고, 지하자원이 뭐 있는 지까지 다 탐색했던가" 그러니까, 선장이 완전 기겁을 해가지고 "그건 아닙니다, 그런 건 아닙니다" 하는 거야. "아니, 인공위성에서도 전부 지질조사 다하고, 지하자원이 뭐 있는지 다 보는데, 그렇지 않으려면 뭐 하려고 6,500m까지 들어가는 잠수함을 만들었습니까" 했더니 완전 얼굴 붉어져서 대답도 못하고 그랬어요. 그거 때문에 그런 거예요. 그래서 이 부분을, 지금 일반적인 지질적인 요건이라든지 수산자원이라든지, 바다 밑에 있는 하이드레이트 그런 거 말고, 그래서 어떻게 해서든 분쟁지역으로 만들어서 이걸 보유하려고 하는 거예요.

조사자: 차지하려고.

김충석: 그리고 전에도 이런 말 했지만은, 우리나라에 행정관료들, 그 다음에 지식층들, 교수님들도 친일파가 너무 많아요. (일본이) 다 매수해가지고… 구한 말 외정시대만 친일파가 있는 게 아니라, 지금은 더합니다.

조사자: 네.

김충석: 나 보고도 심지어는 시장님은 시정 일만 하라고, 이거는 우리가 할련다는 사람이 있어요. 어떤 세미나 할 때도 그래서, 내가 시장만 아니었으면 혼내버렸을 텐데… 지금 뭐하냐? 당신 지금까지 뭘 연구했나? 뻔하거든. 심지어는 나보고 박람회가 5월 10일부터 있는데 해수부에서, 그때는 국토해양부지. 이명박 대통령 때이니까… 거기서 국장 내려와서, "시장님 박람회 끝날 때까지만 독도 강연은 하지 마십시오." 나는 그 바쁜 통에도 대학 등에 다 나가서 했거든. 깜짝 놀랬지. 주관 부처가 국토해양부거든. "왜 그러냐" 했더니, "시장님 사실 2012년 해양박람회 때… 일본에서 우리 편을 안 들어서, 절대 동해라는 표시 독도라는 표시를 안하기로하고, 그러고 일본이 우리 편을 들어줬었습니다"라는 얘기를 듣고 내가 경악을 했어요. "아니 그게 무슨 소리냐, 내가 2002년에 여수시장으로서 2010년 엑스포 유치할 때도 그때는 6개월짜리다. 그때도. 해양을 주제로 한 박람회였다. 근데 내가 일본 친구들한테 연락을 해가지고 아소 타로 총리, 거기에 연락해서 일본이 우리를 지지하게 해줬어." 그 이유는 중국이 2008년에 베이징 올림픽하고, 2010년에 상하이 엑스포를 해버리면, 일본이 도쿄 올림픽하고 오사카 박람회해가지고 선진국이 되고, 우리도 88올림픽하고 93년 대전 엑스포 해서 급격하게 성장한 거, 이런 거 전부다 중국이 배워버렸어. 더군다나 우리나라 사람들이 거

기 가서 가르쳐줬어. 방법을. 대전 엑스포에 관여했던 분들, 높은 사람들 다 매수해버렸어. 노하우를 싹 1대 1로 교섭해서 다 가르쳐 줘버렸지. 난 다 알지요. 그런 상황이기 때문에 내가 일본 사람들에게 얘기를 해서, "중국이 커버리면 일본에게 위협이다, 그러니 우리가 2010년에 하고, 한일이 동반 성장하자." 그런 논법으로 아소 타로한테 말해서 그렇게 되었어요. 내가 그 얘기를 해준 거예요. "6개월짜리 할 때도 일본이 도움을 해줬는데, 무슨 3개월짜리 하는데 일본이 반대해가지고, 동해를 표기 안하고 독도 표기 안하기로 그렇게 했냐." 어찌되었든 그렇게 되었다는데 어떻게 해.

조사자: 그 때가 몇 년도였습니까?

김충석: 그 말한 것이 1979년.

조사자: 초도에서 울릉도 · 독도를 가셨던 분들이 주로 의성리 분들이 많이 가신 거죠? 대동리는 최근에 생긴 마을이죠?

김충석: 아니야, 대동리가 오래된 동네이고, 그게 제일 큰 동네야. 근데 거긴 항구가 안 좋아요. 의성리가 항구가 좋고 수심이 한 10m되고… 그랬는데… 자, 거문도 갔다오셨지요? 삼도라고 그랬지 않습니까? 제가 먼저 말할게요. 왜 삼도라고 하냐면은. 거문도 거문리 면사무소 있는 곳을 '고도'라 그럽니다. 지금은'옛 고'자로 '고도'라고 하는

데, 옛날에는 '외로울 고'자를 써서 '고도'에요. 그리고 '동도', '서도' 그래서 삼도인데, 그 고도를 이섬이라고 합니다. 초도 의성리도 '이서무'라고 해요. 섬을 '서무'라고 하잖아요. 그 거문도도, 고도도 '이서무'요. 한마디로 일본놈 사는 동네란 말입니다. 왜 그러냐? 세종대왕실록에 보면 초도, 고도, 초고양도에 일본 사람들이 와서 고기 잡게 해달라는 기록이 나옵니다. 그래서 허가를 해줘요.

조사자: 얼른 본 기억이 납니다.

김충석: 네네, 나와요. 처음에는 초도라고 하고, 나중에 초고양도라고 하는데. 그것을 사학자들은 '초고양도는 초도'이렇게만 했는데, 나는 그게 아니라고 했어요. 시장 안 할 때…. 초고 '양도' 아니야? 양도. 두 섬이란 말이야. 내가 그랬지 '초도하고 고도 두 섬을 얘기한 것이다. 이것은. 초고 양도다. 초도가 아니라.' 그런데 거문도 고도도 '이서무'라하고 의성리도 '이서무'라고 하는데, 우리 할아버지들이, 한 200년 전 쯤의 7대조 할아버지들이 거기서 입도를 해서, 마지막으로 조선 구한말에 그리로 가서, 우리 식구들은 농업이나 그런 수단을 별로 안하고 좀 어렵게 살았죠. 궁핍하게. 그러다가 증조할머니가 데리고 온 아들이 사공이 돼서, 울릉도 독도 다니면서 돈을 많이 벌어서 밭도 사고, 집도 이제 울릉도 나무로 다 짓고 그렇게 했는데…

조사자: 울릉도 독도 다니면서 돈을 많이 벌었네요.

김충석: 예예, 그래가지고, 그래서… 할아버지가 그렇게 했는데… 나는 그런 게 어렸을 때는, 제가 기억력이 조금 좋은 편이에요. 동네 나무 앞에 가면 어른들이 앉아계셔가지고 옛날에 울릉도 독도 다녔던 얘기, 고기 잡던 얘기… 딴 애들은 어릴 때니까 관심이 없잖아요. 나는 어려도 그런 얘기를 귀담아 들었어요. 그래서 울릉도 독도, 어렸을 때니까 큰 관심은 없지. 그냥 듣기만하고, 우리 집에도 (울릉도) 나무를 베어다가 도구통이, 절구통. 도구통이라고 하는데, 그게 이렇게 커요. 그때는 그게 여러 집 있었지. 나중에 이제 돌로 깎고 세맨(시멘트)으로 깎고… 우리 집에 쭉 있다가, 한 20년 사람이 안 살아버리니까, 매미 태풍 때 2003년에 (집이) 한쪽이 무너져버리고, 그걸 보관할까 말까 하다가 역사적으로 보관하면 좋겠는데, 사람이 안 살아서 지금도 20년 이상 비어놔서 누가 문짝도 다 뜯어가 버리고, 부엌 문짝까지. 마루도 다 떼어가 버렸다고. 심지어는 떡판, 그건 초도에서 나 어렸을 때 만들었는 건데, 그런 것도 다 가져갔어. 마침 그때가 내가 보관해놓자 했는데, 역사적인 거라고… 우리 아들은 하지 말자 그랬는데… 마침 서재필 박사 고향이 보성이거든. 생가 복원한 거 나도 거길 가봤어. 근데 신문 방송에 문짝 다 뜯어가버렸다고 그 얘기가 맞아. 그래서 나도 '복원하면 안 된다' 그때 내가 시장 안하고 있을 때인데, 빈집 다 철거해버리라고 해서 그렇게 했는

데, 그때는 울릉도 나무로 지은 집이 많이 있었어요. 울릉도 가면 4월 달에 와서 배를 짓고, 갈 때는 집 지을 나무도 가져가고 해조류나 약초도 가져가고 그랬다고 하는데, 내가 그랬어요. "그건 당신들이 잘못 알고 있다. 생각을 해봐라. 이규원 검찰사가 와서 발견하니까 그때 배를 한참 짓고 있다는 기록 때문에 그러는 거 아니냐." 전라도 사람들이 4월 달에 왔다는 건 말도 안 되는 소리다. 산에서 나무를 베가지고 끌고 내려와서 켜서 말려가지고 배를 짓는 거야. 생나무로 배를 지을 수는 없다. 그럼 언제 만들겠나? 추석 쇠고, 가을 내지는 나머지 사람들이 품앗이해서 살고, 미리 울릉도 갈 사람들, 사공을 정하면 사공이 알아서 선원을 정해. 70년대까지 그랬거든. 내가 잘 알지 어렸을 때 그랬으니까. 배 짓는다고 그러면 마츠라라고 배 짓는 거 전부 무료로 팔어다녀. 그때도 선발해서 목수라든지, 약초꾼들은 낙안 사람들, 팔아야 되니까. 또 낙안 사람도 있어. 선주만 낙안 사람이지. 거기 한 사람 있어요. 나머지는 다 초도 사람이야. 그래서 바로 추석 지나면서 물 때 따라서 도망가는 거야. 근데 전라 좌수영배, 경상 좌수영배에 걸리면 죽거든. 그러니까 얼마나 멀리 이렇게 해서 가야하잖아요. 그렇게 해서 가는데, 나도 중학교 다닐 때 객선이 전부 다 징발되어버려서, 징발돼버리면 보상도 없지. 다 가버리니까 풍선타고 고향에서 입학시험 치러 간다든지, 방학 끝나고 등교한다든지 하면 배타고 출발하는데 바람이 없으면 노 저어. 바람이 있으면 무지하게 빠르고. 그

때는 농번기 방학이 일주일 있었어요. 한 번은 며칠 날인지 딱 알아서 그 날에 맞춰서 와. 여기서 저녁에 타고 나가면, 하루밤 새어서 노 저어서 백야도까지 갔어요. 밤새 노 저어서. 바람이 없어서. 사흘 만에 갔다가, 아침밥 막 먹고 있는데, 거문도 앞 배가 여수 간다 그래서 밥 먹다가 간 기억이 있거든. 바람만 있으면 빠르고, 없으면 노를 저어야하는데 환장할 일이지요. 그래서 평일 같은 데에 가서 날씨가 좋으면 3, 4일 만에 오고, 날이 궂으면 좀 여러 날 걸리고. 나중에는, 처음에 여기 보면 우리 집안에 서재덕 할머니라고 그 분한테 70년대에 얘기를 물어봤어요. 울릉도 갔다 왔다고 하길래, "할머니 어찌 갔어요?"

조사자: 할머니도 갔다 오셨습니까?

김충석: 예예, 우리 집안에 할머니.

조사자: 여자 분도 가셨습니까? 그때 어떻게 여자 분이 배를 탔지요?

김충석: 원래는 안 타는데, 울릉도 가면 필요하잖아요. 울릉도에 여러 달 있어야하니까, 남자들만 처음엔 가다가, 검찰사가 가서 1882년에 공도 정책이 해제되었잖아요. 그 뒤부터 가신 것 같아요 할머니는. 그래가지고, 고흥 금산분이거든, 고흥 거금도. 할머니한테 물어보니까 자기 처녀

때 자기 아버지가 뽑혔다 그거야 금산 사람 중에서. 그래서 거기에서 초도 와서 의성리에서 있다가, 여자들 몇이 가족들 가서 밭에서 농사짓고, 밥 해먹고… 옛날 농사하던 터가 있기 때문에…

조사자: 그건 아마 개척령 이후 쯤…

김충석: 그렇지, 개척령 이후지. 그 전에는 죽자사자 여자를 데리고 가겠어요? 나이를 봐서도 그렇고 할머니가… 그래서 해삼 전복 미역 다시마 이런 거 채취하고, 그리고 약초 캔 것은 전문 약초꾼들이 나중에 싣고 가고, 개척령 이후에는 평해 그쪽에 들려가지고 사람들 언제쯤 동짓달, 섣달이 언제쯤 온다 그러면 며칠 전부터 배가 어떻게 될지 모르니까 와서 대기하고 있다가, 그것도 사람 없는 포구에 은밀하게 해서 싣고 갔다 오고… 울릉도에서는 조운선 역할도 했다. 이게 그래서 추석 쇠고, 바로 준비해놨다가, 하늬 바람 불면 썰물 따라서 오면 거의 거제까지는 가요. 그래서 부산만 지나면, 물이 동해안은 거의 위로 올라갑니다. 동해안은 해류가 위로 올라가기 때문에… 근데, 패철이라고 그거 있잖아요. 묫자리 잡고 하는 거, 그거 하나 가지고 동서남북 찾고 천문학을 하신 거예요.

조사자: 요즘 말로 치면 나침반이네요.

김충석: 예예, 천문학에 해, 별, 달 시간마다 다 달라지는 거. 저도 수산고등학교를 나왔지만, 어렸을 때 들어보면 저 별 이름이 무슨 별이고… 그런 얘기들이 있거든요. 그게 기가 막힌 거예요. 그 울릉도를 거길 어떻게 찾아갑니까 울릉도를.

조사자: 망망대해인데…

김충석: 망망대해죠.

김충석: 여기 보면, 제주도하고 여수하고 한 가운데가 초도입니다. 초도에서나 거문도에서 보면 한라산이 보입니다. 하늘 위로 보여요. 근데 여기서 여기를 찾아간다고 생각해보세요. 요즘 선장들도 잘 못 찾아요. 그런데, 여기서 독도로 가는 건 식은 죽 먹기라.

조사자: 아 그게 보이는군요.

김충석: 보여요. 울릉도에서도 독도가 보여요.

조사자: 아 네 그렇지요.

김충석: 초도에서는 제주도 한라산이 보이고, 울릉도에서는 독도가 보이고. 안 보인다는 말도 있는데, 다 보여요. 어릴 때 다 보였습니다. 그리고 울릉도 가면 어릴 때 들은 게,

별 이렇게 생긴 섬도 있고 코끼리 같은 섬도 있고, 원숭이 같은 섬도 있고 그렇다 그랬는데… 원숭이 바위라는 걸 전혀 몰랐어요. 근데 2010년에 엑스포 끝나고 다시 갔을 때, 우연히 다시 발견했잖아요. 그래서 내가 여수 고릴라 바위라고 했는데, 그 사람들도 처음 봤다고 그래요. 왜 산에서 보냐고.

조사자: 원숭이 바위는 대략 울릉도 어디 쯤 있습니까?

조사자: 독도에 있던 원숭이 바위?

김충석: 아니요. 울릉도요. 도로로 가면, 도로 가까이 있는데, 중간 위에 무슨 펜션 같은 게 있는데, 거기서 보면 딱 보여요. 그게 영상 자료에도 있는데…

조사자: 근데 이게 60년대 신문 기사… 이거는 시장님 많이 보셨을 겁니다. 이것도 설명을 좀 부탁드리겠습니다.

김충석: 이건 뗏목이 아니야. 뗏목이라는 것은 뭐냐 하면, 통나무를 엮어서 거기서만 쓰는 거예요. 해조류를 캐고.

조사자: 독도에서만?

김충석: 아니, 거기 그런 곳은 아예 안가지. 거문도나 초도나 그런 섬에서 해조류를 캐는 것, 뭐냐면 질피라든지 그런

거 있어요. 식용 아닌 것. 그런 것을 대나무 가지가 있잖아요? 가지를 이 정도씩 남겨, 그럼 마디마디 이게 있으니까, 이거 두개를 집어넣어서 빙빙 돌려. 나도 어릴 때 많이 해봤지. 그래서 쭉 뽑으면 뿌리 채 뽑혀. 그럼 그걸 뽑아가지고, 가에다가 펴가지고 말려서 밭에 거름 하는 거예요. 미역 같은 것도 많이 짊어지고 하는데… 그런 용도이지 그걸 타고 멀리 갈 수 없는 거예요.

조사자: 울릉도에서 독도 갈 때는 좀 작은 배를…

김충석: 아니, 똑같은 그 배 타고 가야지. 여기서 타고 간 배를 타고 가셔야지.

조사자: 그럼 여기서 타고 간 배가 대충 어떤 배인가요?

김충석: 그게 한 15톤, 20톤 정도…

조사자: 승선 인원은?

김충석: 그거는… 한 15명도 타고, 10명도 타고 그런 배. 그때도 배가 여러 종류가 있었대요.

조사자: 그럼 그때 독도에 가신 것은 할머니께서 말씀하셨단 말이죠?

김충석: 아니, 그 어른들이 다 얘기해. 울릉도를 여자들도 다녔다는 얘기가 그 할머니가 하신 거고.

조사자: 독도 간 이야기는 또 다른 어르신들이…

김충석: 그건 어렸을 때, 울릉도 독도 독섬 뭐 그런 이야기하신거야. 독섬이라고도 하고, 독도라고도 하고…

조사자: 그 당시 어르신 분들 독섬이라고 하는 분도 계시고…

김충석: 독도라고 하는 사람도 있고, 독섬이라고 하는 사람도 있고.

조사자: 저희들도 거문도가서 여러 얘기를 들어보니까, 거문도 분들이 대마도에도 자주 갔다고…

김충석: 아 대마도는, 겨울 되면 초도 앞에, 작업하다가 풍선일 때, 우리 국민학교 다니고 그럴 때도 폭풍 밀려서 대마도에 가서 구조되어서 다시 오고… 대마도는 가까우니까 뭐.

조사자: 제 생각에는 그런 말씀도 있으시지만, 안용복 사건 때 같이 간 순천승 다섯 분이 여수 흥국사로 밝혀졌거든요. 그때 순천승하고 울릉도 · 독도 다녀와서 많이 전파가 되지 않았겠냐 하는…

김충석: 근데, 그것이… 초도 거문도는 조금 다르죠.

조사자: 그쵸, 그러려면 손죽도가 더욱 가까우니까…

김충석: 전혀 그것하고는 상관없는 게… 비밀리에 다니면 목숨 내놓고… 왜냐면 할 일이 없잖아요. 먹고 살기도 어렵고. 겨울에 (먹을 식량도) 없고. 그럼 목숨 내놓고 다니거든. 그러면 배를 지어요. 배를 지어서 세 대를 지어, 여기서 타고 가는 배로 거기에 있는 해조류라든지 약초라든지 전복 말린 것, 전부 싣고 오는 거예요. 여기서 갈 때는 사람이 많이 가지요. 올 때는 배를 다 분승해오는 거예요. 그래서 내가 이제 울릉도 가서 얘기한 것은 뭐냐면, 음력으로 8월 하순, 9월 초에 가서, 그때부터 산림이 좋았으니까 산에서 나무를 벤 것이다. 베어서 가지 다 쳐놓고, 그 다음에 겨울에 눈이 많이 왔을 때 밀어 내려고… 어떻게 그걸 끌어서 내려올 것이냐.

조사자: 일본 수로지 보면, 그때 가서 관찰해보니까 조선인들이 못을 쓸 줄 몰라서 나무 못을 쓰는데, 나무를 생나무를 쓰더라. 그래서 사계절 변형이 안 된다는 보장을 할 수 없겠다는 기록이 있어요.

김충석: 근데 나무 못을 쓰는 것은 쓸 줄 몰라서 그런 것이 아니라…

조사자: 일본인들이 그렇게 써 놨어요.

김충석: 집도 쇠 하나도 안 들어가고 지었잖아요. 배도 마찬가지야. 전부 왜정 시대 들어와서… 못이 두 가지 종류야. 외꼭지 못이라 해서 이렇게 된 못이 있고, 양꼭지 못이라 해서 이렇게 된 못이 있어요. 이것은 옆으로 박는 것이고, 이건 나무 끼리 연결시키는 거예요. 그래서 우리 조선 사람들은 나무가 더 정석이야. 왜 정석이냐면, 쇠는 물에서 빨리 썩어버리는데, 나무는 같은 성분이기 때문에 물속에 있는 건 아무 문제가 안 된다는 거예요. 그리고 바로 생나무로 안 짓는다니까.

조사자: 근데 일본 애들은 그냥 본 대로, 이상하다고 그렇게 적은 기록이 몇몇 있습니다.

김충석: 그게 몇 년도에요?

조사자: 1880년 군함 아마기 수로지 41호인가. 그렇게 나옵니다.

김충석: 일본도 철이 귀했는데… 하기야 뭐, 철은 처음에 가야에서 건너갔거든. 다다라 요법도 한국 것인데, 왜 한국 것인데 다다라 요법이라 하는지 모르겠다 하길래 나 그랬지, "약이 다 달아졌냐, 다 달았다" 이런 말처럼 쇠도 두드릴 때 되면 완전히 다 익었냐, 몇 천 도인지 쇠 빛깔을 보고 알고 그래서 칼 만들고 하는 것을 "다다라"라고 했

는데, 그래서 내 생각에는 "다 달았다. 다 익었다" 이런 뜻이라고 얘기해준 기억이 있거든.

조사자: 그럼 독도 가서 물개 기름을 짜서 팔았다는 이야기는…

김충석: 그건 나중인지는 몰라도, 초도 사람들 이야기는 거기엘 갔는데, 불이 있고, 아주 선비 같은 분이, 한 분이 도복을 입고 계시더라. 내가 그런 얘기는 들어서 알죠. 말은 안 해도 뭔가 피신해서 온 사람 같다. 일본으로 피신 가기 위해서 왔는지 어떤지는 몰라도, 거기에 있을 분이 아닌데, 거기에 있더라.

조사자: 독도에 사람이 살 조건이 안 되는데, 거기 있다는 게 굉장히…

조사자: 물이 전혀 없지는 않아요.

김충석: 물이 지금도 있어요.

조사자: 네네, 물골도 있기는 한데…

조사자: 독도에서는 미역 채취하고, 물개도…

김충석: 물개는 초도 사람이 쉽게 못 잡지. 포수로 잡았으면 몰라도. 덫으로 잡으면… 초도에 덫이 있었거든. 쥐덫같이

해달피 잡는 덫이 있었어. 그것이 쇄골이 이렇게 해서 덫에다가 묶어놓으면, 고기 놔두면, 그놈 먹으려다가 체해있으면 대장간 하시는 분이 잡아다가 물개 잡아서 팔고 그랬거든. 우리 아버지도 한번 있었는데, 어째 잡았는지 한번 발톱이 찔렀다고 다 잘라버렸어. 나중에 아버지 돌아가시고 찾으니까 우리 집사람이 버렸다고 그래. 그걸 왜 버렸는지…

조사자: 그럼 초도 분들이 독도까지 가신 것은 미역 채취가 주인가요?

김충석: 그렇지, 미역이나 해조류, 해삼, 전복… 엄청나게 있었을 테니까. 울릉도에도 사람도 안 살고.

조사자: 물개에는 별 관심이 없었군요.

김충석: 그 물개 얘기는 내가 못 들었어.

조사자: 주 목적은 아니다 그죠?

김충석: 거기는 해산물, 패갑류 등등…

조사자: 아마도 시기별로도 좀 다르고, 지역별로도, 가시는 분들에 따라서 조금씩…

김충석: 시기는 나중에 좀 달라졌겠지만, 특이한 것은, 처음 이야기인데. 처음 1882년에 공도 정책이 풀리면서 그, 뭐라 그러나. 거문도 분, 오성일 도감을 했잖아요. 1890년에 울릉군 하기 전까지는. 근데 그 양반은 학문이 좀 있었기 때문에 도감 하신 것 같고, 초도 사람들은 그냥 그런 건 안 하고, 열심히 했고… 그 다음에 한일합방 한 다음에, 거문도 사람들은 다녔는가 몰라도, 초도 사람들은 안 갔어. 왜냐면, 일본 사람들 배를 타면 화물선. 뭐가 있냐면, 수부로 되어 있어요. 선원수첩. 우리 집은 아닌데, 이씨 집안은 할아버지들 그거 보고… 주로 선원, 석탄 때고 잡일하고, 이런 일은 위험하지 않잖아요. 저거는 목숨 내놓고 다니는 거예요. 근데 일본 화물선 타면 월급도 많고 안전하니까 전부 거기를 갔어요. 초도 사람들은.

조사자: 그때 일제시대니까 이까잡이 하러…

김충석: 이까잡이는 내가 알기로는 해방 후 60년대로 알고 있어요. 그 전에는 여기서 갈 수가 없고, 60년에 한일어업협정이 된 뒤에, 66년부터 기계들이 들어왔거든. 울릉도 이까잡이, 명태잡이 들어가고 하는데… 초도에서도 많이 갔어요. 60년대, 70년대까지 많이 다녔죠. 거문도 사람들 70프로가 어선보다는 상선을 많이 타고, 초도 사람은 70프로는 어선이나 원양어선 타고, 한 30프로가 상선을 타고…

조사자: 초도 사람들이 언제부터 울릉도·독도로 다녔을까요?

김충석: 여기는 오직 겨울에 할 일이 없어서, 그래서 울릉도에 대한 정보를 듣고, 독도 정보랑… 거기에 가면 해산물이 많고 나무가 너무 많고, 향나무가 많이 자라요. 향나무가 얼마나 수요가 많아요. 우리 집에 쓰다 쓰다 남은 거 이정도 큰 것 있거든. 내가 독도박물관에 줬어요. 나는 모르는 일이니까. 나중에 울릉도를 다니다보니까, 날씨 좋은 날 독섬이 보이니까 그때는 풀 하나도 없거든. 그냥 독섬이야. 지금은 좀 심었잖아. 풀도 없었어. 진짜 독섬이야.

울릉도산 향나무(거문도 동도리 박경문 씨 소장)
수십 년 동안 제사 때마다 떼어 써서 현재 이 정도 크기로 줄었다고 한다.

조사자: 시장님 여기 서덕업 할머니 얘기를 쓰셨는데요, 이거 혹시 녹음파일이나 메모하신 거 있으세요?

김충석: 거의 다 없어져버렸어. 그때 우체국장 할 때인데, 나중에 물어보니까, 그거 주라 했더니 뒤에 놈들이 다 없애버렸더라고.

조사자: 10년 전에 경상북도에 만든 것에 그 내용이 실린 것 같아.

김충석: 서재덕 할머니?

조사자: 제가 찾아본 기록에는 서재덕 할머니가 아니라 서덕업 할머니라고… 아버지가 서춘삼 씨고.

김충석: 예, 서재덕이 맞아요. 책에도 그렇게 되어있죠?

조사자: 서재덕 할머니세요? 책에는 서덕업으로 되어 있어요.

김충석: 아 그러면, 서덕업 할머니 맞아요.

조사자: 그 할머니는 돌아가셨겠네요?

김충석: 돌아가신 지 한 30년 되었죠.

조사자: 이 분한테 들으신 이야기가 많구나…

김충석: 그 전에는 할아버지들한테, 국민학교 다니고, 국민학교 더 밑에 있을 때도, 김내윤 씨라든지 그런 분, 사공으로 나온 분들 살아계셨어요.

조사자: 이규원 검찰사 밑에 있는 분들도…

김충석: 그 때 있었어요.

조사자: 그때 있었어요?

조사자: 초도에 사셨습니까?

김충석: 예예.

조사자: 흥해 초도인데, 흥해 초도라고 된 건 기록이 잘못된 거죠? 흥해가 아니지요?

김충석: 흥해가 아니라 흥양이지, 흥양 초도.

조사자: 김내언이라는 분이 그때…

김충석: 살아있었어.

조사자: 그러면 김근서라는 분은…

김충석: 잘 모르겠어.

조사자: 김내언이라는 분의 후손들은 어디에 살고 계십니까?

김충석: 내가 알기로는 서울에… 걔들은 물어봐야 몰라. 그런 거에 관심도 없어.

조사자: 의성리에 가보니까 시장님 비석을 아주 잘 만들어 놨더라구요. 그래서 물어보니까, 시장님 사비를 엄청 많이 들이신거라고…

김충석: 다 개인 돈이요. 거기다가 정자하고 바위에 초도의 역사, 학교들 교가 다 적어놨잖아요. 그 바위가 1,500만 원짜리잖아.

조사자: 그래서 저희들 깜짝 놀랐습니다. 이렇게 사비를 들여서 하기가 쉽지가 않은데 어떻게 이렇게 하셨을까…

조사자: 시장님도 마을에 있는 분교 거기 나오셨습니까?

김충석: 아니, 나는 대동(리).

김충석 前 여수시장이 고향 초도 의성리에 세운 울릉도 · 독도 개척 기념비

**조사자:** 지난번에 박지영 선생님이 가보셨을 때, 울릉도에서 가져온 나무가 의성리에 하나 있는 걸 봤다고 했는데, 시장님 보신 적 있습니까?

**조사자:** 사진 같은 것이 있으면…

**김충석:** 살아있는 나무?

**조사자:** 아니요, 죽었는 나무.

**조사자:** 원래 기둥으로 썼는데 버려가지고 비 맞고 있더라구요.

**김충석:** 우리 생가에 세워놓으라고 그랬는데.

조사자: 아 그래요? 근데 못 찾았다고 합니다.

조사자: 그걸 제대로 전시를 해놔야겠다고 생각해서…

조사자: 그걸 전시도 해놓고, 아니면 박물관 기증을 해도 되겠는데…

조사자: 그렇죠.

조사자: 그걸 생가로 옮겨놓으셨네…

조사자: 아 생가를 몰랐구나.

조사자: 그때 제가 봤을 때는 요것보다 조금 더 좁은 기둥이었는데

김충석: 우리집 저 위에 새몰길이라고 마지막까지 올라가야 되는데.

조사자: 정자 있는 데에 그 근방에만 찾아다녔습니다.

조사자: 정자 옆에 있는 건 이미 다 없어져버렸습니다. 다른 데에 것에는 다 없어지고…

김충석: 우리 집에 그 우체국장 했던 동생도,

조사자: 아 그때, 우체국장 분 저 만났거든요. 제가 2년 전에 갔기 때문에…

조사자: 하나 누가 있으면 카톡으로 보내도 되겠네.

조사자: 댁으로 옮기셨다니까 보존하고 계시면…

조사자: 일단 생각인데.

조사자: 그럼 나중에 찍을 수도 있겠네.

조사자: 혹시 사진 찍어놓은 거 있으십니까?

조사자: 현재 울릉도 유물을 이번에 하나도 못 찾았거든요. 거의 다 없어져서.

김충석: 거문도에도, 서도에 그때 하나 있었다고 하더만.

조사자: 다 없어진 것 같습니다.

조사자: 서도에 집 안에 기둥이 서까래 같은 게 있었다는데요, 보수하면서 안으로 들어가버려서 안 보입니다.

조사자: 도배를 다 해버려가지고.

김충석: 기둥도 기둥이지만, 우리 집에 마루짝이 좋았어요. 문짝하고. 그걸 수집가들이 다 들고 가버린 거예요.

조사자: 그렇지. 다 다른 곳에 쓰려고 가져간 거죠.

조사자: 서울 같은 데에 인사동에 쓰려고…

조사자: 그런 게 비싸거든. 그래도 사진을 가져가면…

조사자: 근데 그게 나가버리면 어디 있는지도 모르고, 들고 가봤자 구별이 어려워요.

김충석: 작년엔가 가셔서 우체국 국장 만나셨으면. 그 분은 돌아가셨어요.

조사자: 재작년에 그때만 해도 정정하셨는데. 정자에 앉아서…

김충석: 근데 벌써 그 집이 지은 지도 오래 되었고, 저 밑에 동네에 있다가 뜯어다가 지금 우리 생가로 다시 왔거든. 그런데다가 우리 집이 사람이 안산지가… 75년부터 안 살아서 2003년에 지붕이 무너져 내려앉은 것을 2009년에 싹 헐어서, 정말 역사적인 가치만 있는, 좋은 나무만 모아서 세워다가 비닐로 비 안 맞도록 씌워놨거든. 아마 그게 마을 정자에서 잘 안 보인다니까. 누가 갖다 떼었을 수도 있고. 그런 나무는 비 맞아버리면 1년도 안가.

왜냐하면 내가 작년 봄에 산소를 정비하고, 거기 삽하고 손곡괭이 하고 호미 두 개하고 보기 좋게 놔뒀어. 그럼 비가 많이 내려도 햇빛이 많이 쬐니까 아무 이상 없을 줄 알았죠. 근데 저번에 가보니까 나무가 다 썩은 거야. 손잡이 같은 것들. 그래서 삽은 저 밑에 내려다 주고, 나머지 남은 것만 우리 집에 갖다놓고, 전부 집사람이 닦아서 기름칠을 해서 냈는데… 어쨌든 그게 사진이라도 있으면 좋겠다.

조사자: 2년 전에 정자 옆에 비 맞고 있더라구요.

김충석: 정자 옆에 있는 그건 아냐.

조사자: 저희가 이번에 대동리를 갔을 때, 어떤 선생님께서요, 어떤 마을의 오래된 집들, 무너진 걸 정리하시면서 나무를 땔감하려고 잘라서 막 쌓아놨더라구요. 근데 구석구석을 보니까, 사이사이에 기둥으로 쓰인 것 같은데 좀 오래되어 보이는 나무들이 있어요.

조사자: 그거 좀 확인만 시킬 수 있으면…

조사자: 근데 확인할 방법이 없죠. 저희가 나무 전문가가 아니니까.

김충석: 근데 분명한 것은, 초도잖아요. 저희 할아버지들 얘기 들어보면, 초도에는 잣나무만 있었지. 소나무가 없었답니

다. 소나무는 왜정시대 들어와서 새로 식목을 해서, 소나무 큰 건 이 정도 되죠. 그렇고, 큰 거는 집 지으면서 다 썼고, 지금은 아예 나무를 안 쓰지만은… 아주 오래 전 옛날 집은 울릉도 나무일 수도 있어요.

조사자: 근데 나무가, 제가 봤을 때는 소나무는 아니었어요.

김충석: 초도는 소나무로 지은 집이 있을 수도 있어요. 근데 옛날에는 소나무가 없고, 잣나무 사철나무 이런 거만…

조사자: 시장님 생가 주소가 어떻게 되십니까?

김충석: 법적으로는 초도리 산 1299번지. 초도는 전부 산으로 되어있습니다. 원래 번지는. 지금은 초도 의성리…

조사자: 구주소네요.

김충석: 원래는 이서무인데, 우리 할아버지 분들이 다 벼슬하던 분들이기 때문에 동네 이름을 '의성'으로 지은거야. 이서무라는 건 외로운 산동네라는 뜻인데, 그걸 의성리라고… 거문도가서 이서무라고 하면 그 사람들 알아들어.

조사자: 외섬, 이서무라고 하셨다던데, 그게 일제시대 때, 일본사람들이 살아서 그렇다고 이야기하시던데… 시장님 말씀은 아주 오래전부터 그렇게 불렸다는 말씀이시죠.

김충석: 세종대왕 시대부터 그렇게… 예예.

조사자: 의성 한자가 어떻게 됩니까?

김충석: 옳을 의 자에, 이룰 성 자.

조사자: 이게 원래는 아무 의미가 없고, 이서무를 따서…

김충석: 우리 할아버지들이 서울에서 남원으로…

조사자: 이섬이 아니라 이서무.

김충석: 섬을 서무라 하잖아요. 일본 사람들이 섬을 섬이라고 발음 못해. 서무라 그러지…

조사자: 이서무.

## 5. 김충현의 구술 증언

- 일시: 2018.10.29.(월) 10:00~12:00
- 장소: 여수시 삼산면 거문리 해밀턴 모텔
- 제보자: 김충현(84세, 1962년 민국일보와 인터뷰한 김윤삼 노인의 손녀사위)
- 조사자: 이태우, 박지영
- 조사내용: 19C 말 거문도 사람들의 울릉도·독도 도항 관련 구술 증언

조사자: 1962년 울릉도 · 독도 도항 관련 민국일보와 인터뷰한 김윤삼(1876년 생) 노인 기사와 관련해 기억나시는 얘기를 좀 들려주시겠습니까?

김충현: 예, (김윤삼) 할아버지가 열아홉 살 때 김치선이라는 분, 할아버지 집안 어른인데, 이 분을 따라 울릉도 · 독도로 갔어. 김치선이 하고 할아버지는 집안이다. 지금 김철수 씨라고 그 종부님이 김치선이다.

조사자: 김철수요?

김충현: 김철수 씨의 할아버지. 거기하고 우리 (김윤삼) 할아버지하고 다 같은 집안입니다. 그래서 치선 씨 그분이 51살 때 (우리) 할아버지를 데리고 "너 가자 (여기 거문도 있으면 먹을 것이 없어). 배도 고프고 하니 그냥 따라 가자." 그래서 거기 가게 됐는데, 김치선 씨가 할아버지를 데리고 간 것이 화장(火匠)으로 데리고 갔어요. 화장이라 하면은 제일 밑의 초자로 밥을, 식사를 갖추게 하는 일을 맡긴 거지.

조사자: 화장?

김충현: 불 화(火)자. 밥 해주는 사람(조리사) 있잖아요. 그 일을 했다고 해요. 그 때 그 저 울릉도 배가 큰 배는 보통 평균, 작은 배 한 11명, 12명 정도 타고. 할아버지가 하는 말은. 큰 것은 한 20명 선원의 수가 있어요. 탔어요. 11~12명 밥을 해 먹인다는 것이 보통이 아니겠지요? 치선 씨라는 분이 지금 같으면 선장이라고 하는데, 그 때 할아버지가 말하는데요. 그 때는 선장이라고 안하고, 울릉도 갈 때는 빌장 보고 갔대요. 빌장.

조사자: 별장?

김충현: 별장. 별 보고. 거기 사람들은 별 보고 배질(배 운전)을 해요.

조사자: 아 별자리? 별자리를 보고?

김충현: 별을 보고, 배질을 합니다. 빌은 별의 사투리. 별자리를 빌장이라고 합니다. 그 때 말로 할아버지 하는 말이.

조사자: 별 보는 사람이라고 별장이라고.

김충현: 왜 별을 봤냐? 할아버지 하는 말로, 지금도 그 저 몇 년 전 한 10년 전만 하더라도 상선들이 천체를 하지 않았습니까? 항해사들이 항로를? 배 가는 길, 항로 등 천체를 전부 썼어요. 그런데 요는 전체를 안답니다. 근데, 요즘은 기계화 다 되어가지고… 근데 그 때 뭐 항로를 하는데, 뭐 있었겠습니까? 단지 뭐 저 해가 지면 별, 저 별 보고 방향 알고. 또 그 때 우리가 술비야 (뱃노래 할 때) 줄, 그거 줄 안 있습니까? 이것을 지금 사람들 닻줄로 울릉도까지 가는데, 닻줄로서 술비야 뱃노래 하면서 그렇게 다녔는데, 이중으로 썼다 해요. 이거를 닻줄로도 하고, 이것을 20미터, 30미터 밧줄 놓으면 배 방향을 압니다. 그리고 나면 배가 이렇게, 이렇게 압니다.

조사자: 늘어뜨려 놓으면요?

김충현: 네.

조사자: 뒤로 해서 쭉 늘어뜨려 놓으면요?

김충현: 뒤에다가 한 20미터 하면은(늘여뜨려 놓으면). 그것이 우리가 지금 술비야 할 때 줄, 그것이 닻줄도 하고, 배 방향을 잡기 위해서 그것을 뒤로 한 20미터 (늘여뜨려서 가고). 앞에 보고 뒤에 (닻줄) 보고 별 보고 하면서 그렇게 다녔다고 그래요. 그래서 별을 잘 본다고 해가지고, 빌장이라고 해요. 지선 씨가 빌장이었다고 해요.

조사자: 김치선이라는 분이 별장을 하셨다는 말씀이시죠?

김충현: 철수 씨 조부님이.

조사자: 조부님이.

김충현: (우리 할아버지가) 그 분 밑으로 따라갔죠.

조사자: 지금으로 치면 항해사네요.

김충현: 어. 항해사.

조사자: 별 보고 가니깐, 항해사.

김충현: 그 쯤 아무 말 안하고 잘하는 사람 있지 않겠습니까? 그래서 그 사람 보고 빌장이라고 했다 그래요. 그러니깐 인기가 좋았죠. 항해사쯤 되니깐… 그래서 따라갔는데… 할아버지는 무슨 거문도, 울릉도만 다닌 것이 아니

고, 어떤 인천까지도 신의주까지도 갔다 그래요. 그리고 이쪽으로는 울산도 가고. 또, 한번은 대마도도 갔다 그래요. 대마도. 대마도는 무엇 때문에 갔냐하면은 울릉도하고 거문도 사이로 오다가 물 하고 바람이랑 잘 …

조사자: 아, 떠밀려서?

김충현: 어. 떠밀려서 대마도를 갔는데…

조사자: 대마도 가고 싶어서 간 것이 아니고. 바람에 밀려서.

김충현: 떠밀려서 갔는데. 대마도를 간 목적은 지금도 한번 생각해보는데 대마도에 삼나무가 쫙 뻗은 거야. 거문도에서도 배를 많이 지었는데, 대마도 것이 한 10년 가는데, 우리 거문도 것은 1년도 못가요. 빨리 삭아요, 거문도 것이.

조사자: 대마도 참나무가 좋단 말이죠?

김충현: 똑같은 나무인데. 그래서 그것을 구입하기 위해서, 떠나가면서, 갔는데. 용도는 여기 지금은 농사지으면서 화학비료를 안 쓰긴 하지만, 우리 때까지 몰(말)이라고 물 밑에 (사는) 몰이라는 (해초가) 있지 않습니까? 비료로 쓰려고 이것을 배에다가 실고 왔어.

조사자: 해초? 물 밑에 해초 잘라가지고 비료로 쓰지 않습니까?

김충현: 서울 촌놈들이 그렇게 먹는 것이고. 거름하고 못먹고. 그렇게 해서, 그것을 물속에서 캐는데 떼배, 그 (뗏목을) 열두어 개를 묶어요. 그러면 인제 부력이 좋을 거 아닙니까? 그 떼배 모형이 여기 어디 있을 텐데, 그것을 만들기 위해서 갔는데. 거기서 안 된다고 하는 거예요. 그래서 사정사정해가지고 열 몇 개인가 구해와가지고 과연 거문도에서 몰을 캐보니깐, 부력이 좋으니까 이렇게 막 말도 실고, 저기 떼배라고 모를까요?

조사자: 여기 앞에서(부둣가에서) 봤습니다.

김충현: 아 그요.

조사자: 통나무 크게 엮어서.

김충현: 재밌는 것은 그 뒤의 이야기는 또 독도를 갔는데, 그러니깐 치선 씨가 다닌 걸로 따지면, 그 할아버지의 말에 의하면 지금부터 한 200년 가까운 세월이 아니었나? 나는 그렇게 봐져요. 200년 전에 갔다.

조사자: 한 160년 전 쯤 될 거 같은데요?

김충현: 그 치선 씨가 맨 처음으로 간 것도 아니고, 그 전에도 갔을 거 아닙니까? 그러니 김치선 씨가 (울릉도 · 독도에) 간 거는 180년 가까이 그렇게 말해요.

조사자: 지금 김윤삼 할아버님이 한 18살쯤에 울릉도를 가셨거든요. 이때가 1892년이에요.

김충현: 거기까지는 잘 모르겠고…

조사자: 김윤삼 할아버님이 1874년생이신데요. 18살이면 1892년이 되거든요? 그리고 1892년에 김치선 할아버님이 51세이시면, 대충 한 이분이 20대, 20살 때 가셨다고 그러면 1860년대 지금으로 치면 한 160년 전 쯤? 170년도 쯤?

조사자: 그러면 좀 더 될 수도 있겠죠?

김충현: 그 앞에 또 갔지, 뭘. 그래서 할아버지 갔을 때. 독도를 무엇 하러 갔냐면은 주로 미역도 땄지만은 물개도 잡으러갔어.

조사자: 강치!

김충현: 할아버지는 물개라고 하는데 여기 말로는 표준말이 아니겠지? '옥배기'라고 그래.

조사자: 옥배기?

김충현: 거문도 말로는 그러지.

조사자: 한번 써주십시오. 여기다가. 옥.배.기.

김충현: 그러면 그 물개를 잡으면 껍질은, 그때 할아버지 말에 의하면, 가죽 신발도 만들고, 그것이 비쌌답니다… 옥배기 어떻게 잡았습니까 하고 물어보니까.

조사자: 어떻게 잡았을까요?

김충현: 포획 방법은, 그러니까 독도가 큰 섬 두 개 말고, 잘잘한 다른 섬들 많이 있을 거 아니야? 여기 작은 잘잘한 섬에 까맣게 몰려온다고 그래요, 그러면 그 할아버지는 거기 갈 때도 아까 떼배처럼 통나무를 베어가지고 조그만한, 보초만 설 수 있는, 두 사람 만 올라갈 수 있는 보트를 만들어서 큰 배에 실고 다녔다고 그래요. 그것을 어디다 쓰냐면은 그거를 잡을 때 이제 포획 방법은 이제 이런 식인데, 이렇게 해가지고 여기다가 Y자로 해가지고.

조사자: 새 잡듯이? 새 잡는 것처럼?

김충현: 그러면 둘이 셋이 돌 주어다가 넣고, 여기다가 줄을 당겨 조그만 배에 줄을 묶어. 큰 배는 못 대니깐. 조그만 배 줄을 쳐놓고 하단에 당번을 해요. 밤에. 언제 들어갈지 모르니깐. 이제 거기다가 놓아두고 돌을 받혀 놓으면은 한 사람 두 사람이 당직을 서지요. 그렇게 잡았다고 해요. 그래서 우리 거문도에 꿩이 많았다고 그래요. 꿩. 근

데 지금 꿩 하나 없어요. 우리가 몇 살, 지금부터 한 20~30년 전만 해도 꿩이 많았는데.

조사자: 꿩이 왜 없어졌을까요?

김충현: 없어진 이유는 그 저 농사짓는다고 약, 농약. 풀 나지 말라고. 거문도 꿩은 종자가 제주에서 왔다 그래.

조사자: 제주에서 꿩이 왔다?

김충현: 굉장히 곱고 했는데, 할아버지가 이런 식으로 와서 꿩을 잡았다.

조사자: 제주도에서 꿩을 잡는 방법을 물개 잡는 방법에도 그대로 사용했다는 건가요?

김충현: 아니. 저기서 이런 식으로 물개를 잡았는데…

조사자: 꿩도 물개 잡듯이 잡았다는 말이죠?

김충현: 내 어렸을 때는 참새가 굉장히 많았어. 옛날 마당에 보리를 널어놓으면 참새들이 달려들어서 그것을 주워 먹어요. 여기도 보리가 귀해서 (부모님이) 너 오늘 학교 갔다 오면은 참새가 못 먹게 해라고 하시고. 그러면 인제 멸치를 먹이로 해서 참새도 그런 식으로 포획을 하고 그

랬지.

조사자: 독도에는 몇 번 가보셨대요? 할아버님이. 자주 가셨나요? 한번 가보신 거예요? 몇 번 가보셨어요?

김충현: 할아버지는 넻 번 여러 번 다넜시. 한 세 번인가 네 번 다녔다고 그래요. 처음에는 울릉도 가다가 길을 잘못 잡아가지고 아침에는 분명히 울릉도 가 닿겠는데 거문도에서 울릉도까지 빨라야 한 스무날 스무 다섯 날 걸렸다고 그래요. 항로 기일이, 한 스무날에서 스무 다섯 날 사이에요. 아니면 한 3주, 한 한 달도 걸리고 가다가 독도에 표류한 모양이에요. 가보니깐 진짜 미역도 많고 처음 갔을 때는. 처음 갔을 때는 울릉도 진작에 갔다 오고 그 다음 코스에 울릉도 간다고 한 것 길을 잘못 들어서 독도 갔는데 거기가 (해산물) 자원이 그렇게 많고, 물개들도 그렇게 많고. 그래서 물개를 어떻게 잡을 거냐 해가지고는 생각해놓은 방법을 그렇게 말하더라고요.

조사자: 아주 재밌는 이야기네요. 물개 외에도 거기 가서 여러 가지 해산물 미역도 따고 이런 것들도 많이 채취해서 뗏목 배에 싣고 왔다 이런 이야도 있던데요?

김충현: 그 때 뗏목 배는 없었겠지요? 독배, 독배.

조사자: 울릉도 거기 독도 양쪽 왔다 갔다 하면서 거기에서는 할

때 그 때는?

김충현: 그 때 큰 배는 못 올 거 아닙니까? 조그만한 사람 타는 보트를 탔던가보지요. 그건 떼배가 아니고 통나무를 베어서 팠다고 해요.

조사자: 독배. 독배. 나무 파서 만든 배. 지금으로 치면 카누 같은 것이죠? 그냥 나무 파가지고.

김충현: 나무 파가지고.

조사자: 나무를 파가지고.

조사자: 큰 나무를 한 개를 파가지고, 거기에 탄 것이죠?

김충현: 그래야 큰 나무가 필요하지. 그래야 나오겠죠?

조사자: 큰 나무 몇 개를 묶어서 한 것이 아니고?

김충현: 아니고. 완전히 배를 항해할 때는 이놈을 본선에다 올려놓았다 그래요.

조사자: 카누 형식으로 나무를 파가지고 그 안에 한 두 사람이 타고 독도에 가서 작업을 하고 실어서 다시 나오고 하는 거 맞죠? 큰 배는 밖에 세워놓고.

김충현: 그렇지. 독도에는 상주를 할 수 있을 정도로 큰 배는 잘 못 다녀요. 지금도 잘 안다니는데. 왜냐하면 우리가 그 때 갔을 때, 그렇게 날은 좋았다고 하는데, 우리가 예전에 (거문도) 뱃노래도 한번 갔지 않습니까? 우리가 보니깐 큰 배는 못 대. 접안하기 굉장히 힘들어. 독도에 바람이 쌘데. 그 옛날에도 큰 본선은, 모선은 못 댔겠지요.

조사자: 지금까지는 사람들이 얘기할 때 떼배 있지 않습니까? 떼배를 가지고 가서 작업을 했다는 이야기를 많이 했는데. 실제론 떼배가 아니라 나무를 파가지고 카누를 파가지고 작업을 한 것이죠?

김충현: 아니야. 할아버지 배 하나만이 아니고. 아무튼 우리 배 하나가 할아버지가 배 하나를 가졌어요. 울릉도는 배가 작아서 못 갔는데. 그 때 그 할아버지 말에 의하면 울릉도 다니면서 (선단을 이루어 한꺼번에) 여덟 척, 7~8척 정도 됐다고 그래요. 거문도에서 울릉도 (가는) 배가. 그러니깐 배에 따라서 판 것도 있고 또 어떻게 보면은 떼배를 만들어서 작업용을 하고 그랬겠지요.

조사자: 근데 카누처럼 배를 파가지고 한 배가 거문도에도 옛날에는 사용도 많이 하고 그랬었나요?

김충현: 거문도에서는 잘 모르겠어요. 우리 때는.

조사자: 서도에서 동도 올라올 때 고도라든가 그런 배 타고 온 것이 있을까 싶어서.

김충현: 못 봤는데… 그런데 난 있을 거라고 봐요.

조사자: 여기는 그렇게 큰 나무가 없으니깐.

김충현: 있었을 것이다. 난 그렇게 봅니다.

조사자: 그런 배를 만들기 어렵겠지만 그 카누 같은 배를 어떻게 만들었을까?

김충현: 울릉도에서 쓰다가 가지고 거문도에 갖다놓았다니깐. 그 뒤로 그 배를 이용해서 여럿이는 못타지만 두 사람이 동도나 서도 같은 곳은 다녔을 것이다 보지요.

조사자: 울릉도에서 거문도 올 때 그 배를 어차피 큰 배에 싣고 왔을 테니까요? 거기 그냥 둘 수 없으니깐요, 그죠?

조사자: 보신 적은 없죠?

김충현: 아직은 못 봤어.

조사자: 여기서 버린 거 그런 거 보신적은 없죠?

김충현: 없어.

조사자: 큰 나무가 이렇게 있으면은 여기 가운데를 파가지고 속을 파가지고 여기 사람들이 이렇게 타고 다녔다는 거죠?

김충현: 응. 예전에 거문도에 굵은 나무도 있고 그랬어요. 그렇게 치면 이 정도 되는 나무 한 1미터 50이나 옛날 팠다 아닙니까.

조사자: 여기 이제 이 분이시죠? 신문에 나온 분이, 김윤삼 어르신이?

김충현: 예 예, 이 분이 나한테 얘기한 걸 들었단 말입니다. 이 분이 처갓집에 할아버지야.

조사자: 처갓집에 장인 어르신 위에 (할아버지).

김충현: 놀러 가면은 따땃한데(따뜻한데) 잡혀가지고 옛날이야기 하는 거 좋아했으니까. 울릉도 이야기하면서. 지금 같더라면 적어놓고 했더라면 좋았을 것인데… 그때 말을 많이 했는데 뭐인가… 그런갑다 그랬지요 뭐, 지금 생각하니까. 허허.

조사자: (웃음).

김충현: 그 때 참 이야기 많이 했는데 뭔가 (기억이 잘 안 나네). 93세에 돌아가셨으니 오래 사셨어.

조사자: 그 때 당시에 93세면 정말 오래 살았다 그죠? 완전 장수 하셨네.

김충현: 그러지요. 그 때는 다 60대면 다 갔지. 건강이 좋았지.

조사자: 이 분한테 어르신은 손녀사위시죠? 이분한테?

김충현: 손녀.

조사자: 손녀사위 되시지 않습니까? 그죠? 많이 귀여워 하셨겠다 이분이. 우리 손녀사위다 이래가지고. 여기 보면은 그 당시에 그 풍선배를 타고 여기서 울릉도를 갔다고 울릉도를 갈 때 풍선배.

김충현: 풍선배는 돛배 말합니다. 돛배.

조사자: 돛배. 그것 타고 울릉도 갔습니까?

김충현: 그렇지요. 그 저 큰 것도 아니고 사람은 뭐 작은 배는 하나에 열둘에서 열세사람. 더 큰 배는 스무 명 이상 갔는데, 그 때 컸다 해도 아닙니다. 왜냐하면 돛을 배, 천으로 돛을 만든 것이 아니에요.

거문도 앞바다를 지나는 전통 한선(『런던 화보 뉴스』, 1887.11.26.)
그림 출처: 백성현 · 이한우, 『파란 눈에 비친 하얀 조선』(새날, 2006).
1882년 이규원 검찰사가 울릉도에서 만났던 거문도 · 초도 사람들이
타고 다녔던 풍선배로 추정된다.

한선(미국 『하퍼즈 위클리』, 1871.9.9.)
그림 출처: 백성현 · 이한우, 『파란 눈에 비친 하얀 조선』(새날, 2006).
거문도 · 초도 사람들이 울릉도 · 독도를 왕래할 때 탔던 것으로 보이는 풍선.

조사자: 갈대로 만들었다죠? 갈대로? 갈대로 엮어서 돛을…

김충현: 갈대도 있고 또 여러 가지 썼어요. 밀대도 쓰고.

조사자: 밀대가 어떤 거?

김충현: 보리하고 밀.

조사자: 아! 보릿대!

김충현: 밀대 저것이 정말로 길거든요. 그 놈을 잘 말려서 깔꾸에 담궈서 깨끗해요. 그것을 엮어가지고 그 뭔가 눈도 달고… 갈대 하나만 쓴 게 아니었다고 해요.

조사자: 풀로 만든 것이죠? 밀대든 갈대든 대로 된 거 가벼운 풀로 된 천 풀로 된 것을 쓰신 거죠?

김충현: 갈대 하나만 쓴 것이 아니고 여러 가지 썼어.

조사자: 거문도에서 울릉도 갈 때는 배가 7척, 8척 한꺼번에 무리지어서 간다고? 아까 7~8척 간다는…?

김충현: 꼭 한꺼번에 간 거는 아니고, 이 할아버지는 울릉도 갔을 때 거문도 울릉도만 다닌 것이 아니니깐. 한꺼번에 거문도에 있다가 와 하고 가는 것도 아니고. 물론 한두 척이

야 같이 다녔을 수도 있겠지만. 와 하고 한꺼번에 간 것도 아니고… 저 신의주까지, 원산까지 다닐려면 몇 달 걸리지 않았겠습니까? 그러니까 한번 나가면 뭐 목숨과 바꾼 것이지요.

조사자: 아 목숨을 바꾼 것이다?

김충현: 한 석 달이고 넉 달이고 다시 못 올 것이다 생각하고…

조사자: 김태수 씨 위에 어르신 증조부 있지 않습니까? 김태수 어르신 증조부. 증조부 삼형제가 하루에 다 돌아가셨다고 그러더라고요. 울릉도 갔다가.

김충현: 네 돌아가셨어요. 삼형제? 친형제? 맞습니다. 집 안에.

조사자: 그래서 여기에 거문도에서 울릉도 갔다 오면서 풍랑을 만나서 돌아가신 분이 제삿날이 하루에 있는 분이 많다라는 이야기를 하시더라고요.

김충현: 아무튼 울릉도 거문도 다닌 것이 위험했다고 하더라고요. 간 것도 한꺼번에 우하고 간 것도 아니고, 울릉도만 간 것도 아니고 서해로 동해로… 바람대로 타고 물물 교환도 하고 아까 말씀 하신 것처럼 그런 것도 팔고…

조사자: 김충현 선생님 어리실 때 서도리에 제사 같은 거 같은

날에 막 제사 지내고 그러신 분 많았어요? 같은 날에 제사 지내는 사람들. 같은 날에 돌아가신 분이 많아가지고 제사를 같이 지내는 경우요.

김충현: 응. 많이 있었어요.

조사자: 많았어요?

김충현: 응. 아무튼 그 아까도 말했지만 거문도에서 나는 곡식으로는 안됐으니까, 인구하고 (비교해서) 봤을 때 (식량이) 안됐으니까, 이거를 해결하려고 간 거지요. 돈벌이 간 거는 아니고. 나 이장 할 때만 해도 인구가 2천 명이나 됐으니까 그 전에는 얼마나 많았겠어.

조사자: 결국은 먹고 살기 위해서 갔다는 거죠 그죠?

김충현: 그 (김윤삼) 할아버지 때는 요즘 말하는 '독도는 우리 땅' 그런 개척할려는 그건 아니었을 거란 말이지요.

조사자: 그건 아니죠.

조사자: 그래서 그 때 당시에 배를 타고 저기 원산으로 신의주까지도 가고 했다고 하시지 않았습니까? 물개도 잡아다 팔고 그러면은 돈도 좀 되었나요? 돈을 많이 벌었나요? 여기 거문도 사람들이?

김충현: 뭐 돈은 거문도에 단 10원도 가지고 온 거는 아니겠죠. 식량, 식량으로 바꿔서…

조사자: 식량 같은 것을…

김충현: 보리쌀은 많이 들었다고 그래요. 그리고 식량을 물물교환 해가지고 그 때는 거문도 사람들만 못 산 것이 아니고, 농촌 사람들이 거의 다 마찬가지였다고들 해요. 부산 같은 데서 딴 거 바꾸고, 생활용품 그런 것 바꾸고 그랬다고 해요.

조사자: 한번 배타고 갔다 오면 보리쌀 서너 가마 바꿀 정도 된다고 하셨는데 그걸로 식량이 되었나요?

김충현: 거문도 사람들 식구가? 먹고 남았지요.

조사자: 그래요?

김충현: 나도 그거 많이 먹었는데, 보리를 갈아요. 우리 쪼끄만 했을 때, (보리를) 갈면은 풀이나 톳이나 해초를 넣어서 먹어. 일 년에 가마를, 보리 두 가마, 세 가마 있다면 부자에요. 큰 부잣집이에요.

조사자: 다른 해초랑 섞어서 먹으니깐?

김충현: 우리가 알기에도 영양실조 걸려서 죽은 사람이 내가 알기로도 우리 부락에 둘이나 있었으니까.

조사자: 아 영양실조로 죽은 사람이요.

김충현: 완전히 말라가지고, 못 먹고.

조사자: 그런 시대에 보리 서너 가마면 진짜 많다 그죠?

김충현: 그러죠. 그때 못 먹고 죽은 사람 불쌍하지요. 그런데 그때 우리는 어머니께 투정도 많이 했는데, 일본 놈들 배급 쌀이라고 알랑미라고 있었어. 훅 불면 날아가는, 지금 같았으면 먹지도 못해. 그런데 그것을 잡종이랑 뭐랑 섞지 말고 그것만 먹자고하면 야단이나요. 딴 것을 섞으면 며칠도 먹을 것인데… 거문도 사람이 시집 갈 때 쌀 한 말을 못 먹고 시집간다고 그래요.

조사자: 시집 갈 때 쌀 한말도 못 먹고 시집을 간다?

김충현: 그만큼 못 먹고 살았다는 것이죠. 우리 어렸을 때 쌀 얼마 못 먹었어요. 설, 추석, 일 년에 3번 정도밖에 먹었어요.

조사자: 그럼 거문도 사람들은 쌀, 보리 말고 거문도에서 나오는 다른 곡식은 무엇이 있었습니까?

김충현: 그런 것은 안 나오고.

조사자: 같이 섞어 먹을 수 있는 거.

김충현: 쌀은 우리 부락에서 조금씩 나오지. 조금씩. 고구마, 감자.

조사자: 아 고구마 감자 이런 것으로 곡식을 해결 했습니까?

김충현: 울릉도 갈 때 다 감자 들고 갔다고 그래요.

조사자: 전에 제가 듣기로 콩을 볶아서 갔다고 들었는데…

김충현: 가져는 갖고 갔지. 갈아서.

조사자: 갈아서. 미숫가루 같은 것으로 갈아서.

김충현: 아무튼 농사라는 것은 별로 없었어요.

조사자: 콩 농사는 지금도 짓는가요? 콩은 되요 여기가?

조사자: 콩 농사는 됩니까? 메주콩?

김충현: 되요. 되는데 여기 경작 면적이 있어야 하지요. 농사 자체가 안 되는 것은 아니고. 지금은 그 때 생각하면은 사

람들이 못 먹어서 삐리리 해가지고… 못 먹고 살지요.

조사자: 근데 제가 듣기로는 거문도 분들이 울릉도 갈 때 배 한 척에 열댓 명씩 타고 가지 않습니까? 목수들이 많이 타고 간다고 그러더라고요. 그래서 울릉도 가서 배를 한 척 더 만들어 가지고 갈 때는 한 척인데 올 때는 두 척이지 않습니까? 그럼 올 때는 한 예를 들어 열 명이 갔다고 하면 올 때는 배가 두 척이니깐 다섯 명씩 다섯 명씩 나눠서 배를 두 개 타고 왔다 그런 말씀을 하시더라고요.

김충현: 그 말이 맞습니다.

조사자: 맞습니까?

김충현: (김윤삼) 할아버지한테 들은 말은 아닌데, 우리 배도 크지는 않지만 울릉도에서 만들어가지고 왔다고 그래요. 거문도에서 만든 것이 아니고. 울릉도 나무로 해가지고 거기서 배를 지어서 배를 만들어 왔다고 하더라고요. 우리 배가 그리 크지는 않아서 울릉도를 못 다녔다고 하시더라고.

조사자: 여기서 갈 때는 나무를 잘 다루는 목수들이 많이 갔다고 하더라고요.

김충현: 아무튼 울릉도에서 배를 지어서 우리 배가 우리 아버지

가 그러더라고요. 배가 작아서 울릉도를 못 가는데, 그 배를 울릉도에서 지어왔다. 우리 아버지한테 들은 말이지. 우리 할아버지한테 들은 것은 아니고.

조사자: 울릉도에서 지은 배로 집을 지은 집도 서도리에 몇 채 있었다고 하더라고요. 지금 한 채인가 있다고 하던데. 누구집이죠?

김충현: 지금은… 저 완전 울릉도 것으로 지은 것이 아니고… 비가 많이 오니깐 지금 이것은 벽돌로 만드니깐 괜찮은데… 지금 말하자면 베니다 합판 같이, 벽을 대신 했어. 그런 거 많았어요. 우리 처가집도 그렇고. 열대여섯 채 중 세 채는 삼나무고, 나머지는 울릉도 나무로 지었어요.

조사자: 예전에는 울릉도 가서 배를 만들어 오셨잖아요? 그 배를 타다가 새 배를 만들 때 또 울릉도 가서 나무를 베서 배를 만들어 오시고 그러다가 아까 타다 만든 배는 폐선을 시켜가지고 그 판자로 집에다가 갖다 붙이시고 섬에 사시는 분은 그렇게 하셨는데 아까 그것을 가시고 합판을 붙인 것을 이야기 하거든요. 만해 선생님 생가 있지 않습니까? 만해 선생님 그 생가가 아직 남아있고, 거기에 울릉도에서 가져온 나무가 아직 있다고 하거든요.

김충현: 그랬을까요?

조사자: 바깥에서 발라가지고 안이 안 보여서 그런데 안에 남아 있대요, 안에. 거기를. 여기서 지금 서도리에 가장 오래된 집이 큰 집 중에서 어느 집이에요? 모르세요? 만해 선생님 생가 말고 다른 집은 없나요?

김충현: 지금 없어요.

조사자: 다 개량해버리고?

김충현: 다 개량해버리고.

조사자: 집 말고도 울릉도에서 가져 온 나무로 뭐 향나무라든가 이런 것으로 해가지고 제사 지낼 때 향나무로 지내지 않습니까? 그 향나무라든가 빨래 방망이 뭐 이런 것을 많이 만들었다고 그러더라고요. 그런 거 뭐 혹시 동네에나 선생님 댁에나 있으세요?

김충현: 나는 없어요. 옛날에는 거의 집집마다 함지(函支)[9]라고 썼어요.

조사자: 함지박?

김충현: 함지 그것도 울릉도 나무에다 판 겁니다. 제삿밥 같은

9) 함지박(咸之朴)과 같은 말. 통나무의 속을 파서 큰 바가지같이 만든 그릇.

거 그런 거에 많이 썼고, 빨래 방망이로 하고… 또, 울릉도 나무로 다림질 할 때 옛날에는 불 담아가지고 한 사람이 잡고 하는 것인데, 긴 것을 나무 위에  딱 놓고, 그 나무 자체가 울릉도산 규목, 단단한 나무였어요. 옛날 사람들 말이 규목 같이 단단한 나무가 없다 그랬어요. 규목으로 통했어요.

조사자: 규목이요?

김충현: 옛날 사람들은 주목이라고 했었어. 그 한자로는 무엇으로 쓰는지는 모르겠습니다만은. 울릉도 나무는 규목나무라고 했었어. 단단하니깐 옛날 사람들 말로는 규목처럼 단단한 것은 없다. 규목으로 통했어요.

조사자: 속이 빨간 나무라고도 하죠? 나무 속이 빨간 색.

김충현: 규목이? 규목도 그것이 한 종류만이 아니에요. 안에 빨간 규목도 있었고 보통 나무는 까맣고 안에도 소나무처럼 노랗고 그런 것이 아니고, 규목은 안에도 단단한 색을 내지. 소나무 같은 것은 노란색 아닙니까? 울릉도 규목 같은 것은 거의 다 까맸어요. 근데 요즘은 구하려니깐 없어요. 우리 어렸을 때는 있었는데 도구통 그런 것들이 많이 있었는데 버려가지고…

조사자: 무슨 통?

조사자: 도구통이요? 절구통.

조사자: 절구통. 떡 이렇게 할 때.

조사자: 옛날에 절구통 나무로 해가지고 쓰셨죠?

김충현: 온다 하면은 갖고 있었을 텐데 다 버렸지요. 그 때 집집마다 많이 있었지. 요즘은 빨래 그런 거도 안하고 다듬이 그런 거도 안하고 하니깐 없앴지.

조사자: 불쏘시개 그런 거로 없애셨죠?

김충현: 불로 태우기도 하고 쓰레기장으로도 버리고.

조사자: 새마을 운동하고 지붕 개량하고 이럴 때 그럴 때 옛날 물건들 다 없앴죠?

김충현: 그러지요.

조사자: 독구통 같은 것은 쓰다가 깨져서 버리죠?

김충현: 새마을 운동 지붕 개량한다고 보면은 내가 새마을 운동을 많이 했어. 진짜 좁은 길도 넓히고 잘살아보세 노래 불러가면서 지붕 개량하려고 보면은.

조사자: 울릉도 나무로?

김충현: 석가래 상당히 많이 쓰고 울릉도 나무가. 새마을 운동 사업하려고 보면은 딴딴해요 나무들 자체가.

조사자: 썩었는 게 없고?

김충현: 그렇제. 물론 하도 오래 되었으니깐 색깔은 변하고 했는데 나무는 아직도 탄탄하더라고.

조사자: 썩은 게 하나도 없다?

김충현: 네. 좀도 안 먹고.

조사자: 좀도 안 먹고.

김충현: 좋은 나무들 다 버렸어. 새마을 운동 한다고.

조사자: 새마을 운동 때문에 멀쩡한 나무를 가져다가… 그 때 이제 초가집 다 걷고 다 시멘트로 슬레트로 지붕을 만든 거죠?

김충현: (삼산)면, 전부다 그렇게 만들어가지고, 배에다가 루뻥하는 사람도 있었고.

조사자: 그 때 울릉도 나무들이 많이 사라졌겠네요.

김충현: 그 때 많이 사라졌지. 하긴 거문도가 역사상으로는 내가 알기에 6·25사변 발발해서 거문도 사람들도 피해 많이 보았습니다.

조사자: 6·25때요?

김충현: 6·25 전쟁 나가지고, 그때도 여순반란사건 나가지고도 거문도 사람들 많이 피해 봤는데, 그 이후로 쓸만한 사람은 6·25때 다 전사당했지요. 우리 형님도 여기 중학교는 없었고, 고등공민학교라고 있었어요.

조사자: 고등공민학교.

김충현: 나도 고등공민학교 출신입니다. 이제 중학교는 못가니깐 초등학교 나와서 놀고 있는데 고등공민학교. 우리형님이랑 나하고 3년 차인데, 나랑 공민학교 동창이에요. 나는 정규 코스로 바로 고등학교 가고, 형님은 3년 놀다가 가니깐 그때 형님이 18살 때 고등학교 2학년이에요. 그때 영장이 와요. 군대 가는 절차가 재미있어요. 여기가 다른 부산하고 대구 말고는 다 뺏겨버리고 낙동강 전투가 치열할 때인데, 여기 거문도 삼산면 방위대라고 있어. 병력이 많은 것이 아니고 지방 청년들이 지역을 거점을 방위대를 하고 있었는데. 그 방위대장이 택윤이라고 지

금 생각하면 그 사람이 애국자고, 어떻게 보면은 멀쩡한 사람들 희생도 됐는데, 이 사람이 아주 결단력이 있는데 거문도 병원에, 지금도 거기에 병원 자리가 있는데, 문 의사가 원장으로 있었는데 갑자기 부르길래 갔더니 신체검사를 한다고 그래요.

조사자: 신체검사?

김충현: 군대 모집하려고 신체검사를 한다고 해서 다 했지요. 그때 17살짜리는 해당 없다하고, 현역으로 못가고 열여덟, 열아홉 서른 몇 살까지는 현역으로 가고, 우리 형님이 17살이었는데.

조사자: 17살이라 빼주셨는가?

김충현: 신체검사를 하는데 이리저리 보고 무조건 보면 합격이다. 그때 삼산면장을 우리 백부님이 하셨어요.

조사자: 그 분 성함이 어떻게 되시죠?

김충현: 김 찬자 오자. 6 · 25 때 여기 면장을 하셨는데. 나중에 알아보니까 우리 신체검사 받은 아들이 내일 모래 영장 나온다 그런 말 듣고, 우리 어머니가 면장 큰아버님한테 나중에 자원을 해도 빼달라고 부탁을 했어. 그 때 면장님이, 백부님이 호통을 내시면서 내 자식 먼저 가야지.

남의 자식 보내면서 우리 자식 안 보낼 꺼냐. 그래서 갔다니까 10월 5일. 아니다 9월 5일 갔는데 10월 22일 전사통지서가 왔네.

조사자: 가자마자 돌아가셨네. 형님 연배 되시는 거문도 사람들은 다 돌아가셨겠다 그죠? 그 때 6.25 전쟁 때 차출되어 가신 분들.

김충현: 갈 때 거문도서 만나서 한 40명 됐는데, 우리 서도리에 한 20명 갔는데. 제주도 농업고등학교인가 거기서 일주일 총 쏘는 연습하고, 일주일 만에 LST 배타고 부산 4부두에 내려서 죽어도 같이 죽고, 살아도 같이 살고 그렇게 부산 12사단에 편성되어 가지고 상주 무슨 산인가, 낙동강 전투 거기 전투에 갔는데, 거문도 떠난 지 한 달 도 못돼서 거의 다 돌아가셨다고 해. 그런 고백을 거문도 사람들이 해. 우리 삼산면에 전사자가 103명입니다.

조사자: 서도리에 형님 또래 같이 제주도 갔던 분들은 거의 다 같이 다니셨으니깐 제삿날도 비슷하겠다 그죠?

김충현: 그러죠. 제삿날 똑같은 날도 있어요. 그 전날, 전날 돌아가시기도 하고…

조사자: 상주 전투에서 다 돌아가셨다 그죠?

김충현: 어. 그래서 우리 선배들은 여순반란사건 때 한번 쓸려가고… 그 뒤로 6 · 25 때 또 한번 뭐… 좁은 지역에 이렇게 전사자가 103명이라면 다른 지역에는 그만큼 드물어요. 어쨌든 형제인데, 지금은 나 혼잡니다. 누나도 없고. 여동생도 없고.

조사자: 선생님 혹시 사발배라고 들어보셨어요?

조사자: 풍선배, 사발배.

김충현: 무엇을 사발배라고 할까? 사발배.

조사자: 옛날에 거문도 분들이 사발배를 타고 의주도 가고 원산도 가고 그랬다는 말을 박운학 씨가 이야기해서요.

조사자: 박운학이라는 어르신 아십니까? 박운학. 동네에 그 분이 옛날에 사발배를 타고 동서를 다녔다고 의주서 쌀 사서 원산까지 가서 팔았다 그래요.

조사자: 어떤 분은 옛날에 사발을 싣고 다니던 배. 사발. 옹기. 옹구 배. 그걸 옹구(옹기) 배라고 하시더라고요. 옹구 배인데 다른 말로는 사발 배라고도 불렀다 하더라고요.

1940년대 옹기돛단배(강진)
배 한가득 옹기를 실어 운반하고 있다.
사진출처: 전남 100년(사진), 전남도청 홈페이지.

복원된 강진 옹기돛단배 봉황호의 출항모습
2010년 9월 8일 강진군 칠량면 봉황리 포구.

김충현: 옹구 배는 잘 알지요. 강진에서나.

조사자: 강진에서 음식 실고 팔던 배. 그런 배를 사발배라고 하고 그런 식의 배를 타고 돌아다녔다고 하시더라고요.

김충현: 옹구 배 정도는 가지요. 배가 이렇게 옹구배가 날씬하게 생긴 게 아니고 사발 같이 생긴 거. 옹구배 우리도 잘 알아.

조사자: 그것을 타고 울릉도 까지 왔다갔다?

김충현: 왔다갔다 할 수 있지요.

조사자: 여기 거문도에는 그런 배가 없었습니까?

김충현: 없었어.

조사자: 그것은 옹기 전용 배라서 강진 저 쪽에만 있어요. 크고 천천히 다니니깐.

김충현: 그 뒤로 가초 싣고, 가초라고 짐을 옮기는 배. 보통 장흥이나 고흥에서 가초 싣고 왔는데…

조사자: 그것은 강진에서 실어 날라요?

김충현: 그것은 옹구고. 가초 싣는 배는 보통은 장흥에서 싣고 왔는데.

조사자: 보통 장흥에서 김제 논이 많으니깐 가초가 많이 나오겠죠?

김충현: 장흥에서 나락, 벼를 장흥 같으면 쌓아놓습니다. 보통 거기서 물물 교환도 많이 했어요. 그때만 해도 옹구배들이 무엇을 주로 많이 실었냐고 하면 멸치 젓 담은 항아리, 나도 멸치젓 배를 많이 탔는데, 멸치 배로 직접 돈 받고 판 거는 아니고 물물교환으로. 쌀. 여기서 멸젓 갖고 가면 가초로 바꾸고. 그것을 여기는 일본놈들이 살아서 별로 저쪽 학교 쪽 가면 초가집 있어도 여기는 없었습니다. 동도나 덕촌이나 서도는 80%, 90% 짚으로 가초를 써 가지고 짚으로 만들었습니다. 묶어가지고. 가초 싣는 배들이 재미는 봤어요. 완전 거문도 것을 실어 날랐으니까 올 때는 거기서 멸젓이랑 쌀이랑 바꿔 오고.

조사자: 주로 장흥 쪽으로 많이 가시는 거예요? 고흥이나 여수가 아니라 배 타고 가시면 주로 장흥을 많이 가시는 거예요?

김충현: 옛날에 주로 장흥을 많이 갔지요.

조사자: 장흥이 가까워요?

김충현: 장흥이 그리고 여기는 항시 남서풍이 불지 않습니까? 지금은 완전 북풍이지만은 돛달고 가면, 장흥이 남서풍 맞고 바로가. 여수가 남서풍도 되지만은 서풍이나 북서풍이 불어야 돼. 그래서 고흥이나 장흥을 많이 다녔죠. 여기 사람들은 장흥에서 식량 갖다가 많이 먹었죠.

조사자: 아까 어르신 '술비 소리'할 때, 술비야. 그 때 20미터 되는 줄을 만들었다고 하지 않습니까? 그것이 다 칡으로 만든 겁니까? 칡덩굴로?

김충현: 칡으로 만드는 이유가 또 있어요. 칡은 물에 잘 떠.

조사자: 칡 통째로 쓰는 것이 아니라 칡 껍질을 벗겨가지고 꼬아서 로프를 만들어요.

조사자: 아! 칡 껍질을 벗겨서 한단 말이지? 난 칡을 통째로 한다고.

김충현: 그것을 자체로 해놓으면 안개가 끼면 방향을 잘 몰라. 물론 배가 요리갔다 조리갔다 갈지자로 안 가게 하기 위해서 하는데. 그래서 이 줄을 뻗대면(쭉 뻗게 하면) 반듯하게 가 배가. 그리고 잘못 가면 줄이 꼬부라질 것 아닙니까? 그러면 배가 가는 방향이 틀어질 거 아닙니까? 그래서 항상 이 줄을 보고 있어야 돼. 우리 쪼끄만 할 때도 배를 타면 이런 방법으로 방향을 잡았어요. 그래서 이것

이(칡 껍질이) 물속에 들어가면 안 되지요. 칡 껍질을 까면 이렇게 가벼워요.

조사자: 이것이 배의 중심을 잡게 하는 거네요?

조사자: 방향을 잡는 거예요. 배가 직진하고 있는지 보는 거예요. 계속 앞으로 쭉 가야하는데 이게 잘못해서 옆으로 약간 휘어지면 뒤에 있는 칡 로프가 휘잖아요. 그것을 보고 있다가 오른쪽으로 휘고 있으니깐 왼쪽으로 틀어 이런 식으로 해서.

김충현: 그것을 하지 않으면 배가 이리 가는지 저리 가는지 어디로 가는지 잘 모르니깐.

조사자: 망망대해에서 오른쪽인지 왼쪽인지 모르잖아요. 어디로 가는지 모르니깐.

김충현: 보고 있으면 알지요. 우리가 지금 생각해도 그럴 듯해요.

조사자: 상당히 지혜로운 거예요. 그게. 선조들이 지혜로운 건데. 망망대해에서는 오른쪽인지 왼쪽인지 아무 것도 모르잖아요.

김충현: 그라고 할아버지가 제일 괴로웠던 이야기는 그 화장(조리사)을 하면 보통 배에서는 점심을 안 먹었다고 해요.

옛날에는 배 위에서 식량이 없어 점심은 잘 안 먹었데요. 아침하고 저녁하고 두 번만 먹고. 배에서 화장하면서 괴로웠던 거는 아침이면 꼭 선장이 목욕을 하라고 한대요. 그냥은 손발로 여기저기 닦고 하는데, 꼭 아침 밥을 지으면은 나물 밥이든 무슨 밥이든 간에 먼저 (밥을) 떠가지고 고사를 모신다고 해요. 화상이. 이것도 하루 이틀, 한 끼 두 끼도 아니고 아침마다 화장이 이것을 하니 굉장히 괴롭잖아요. 아침에 크게 손발 닦고 목욕 깨끗이 하고 안전하게 가도록 선원들의 건강을 빈다고 해요. 그래서 그것도(화장도) 못 하겠더라 그래요. 고생이 많았다고 해요. 아침마다 목욕하라 하고, 고사 모시라 하고.

조사자: 우리 육지 같으면은 동지라던가 목욕 재개하고 그렇게 제사를 지내지 않습니까? 배니까 그 정도는 못하지만 손발 깨끗하게 해가지고 그렇게 제사 식으로 약식으로 지냈다는 거죠?

김충현: 그것도 그 할아버지 말에 의하면은 약식으로 목욕을 한 것이 아니고 옷 다 벗고 그렇게 했다고 그래요. 아침마다.

조사자: 배에서 물이 귀할 건데.

조사자: 바닷물.

김충현: 그래서 울기도 많이 울고 그랬다 그래요.

조사자: 매일 아침마다 밥 해가지고 첫 그릇은 제사 지내는데 쓰고.

조사자: 용왕신한테 제사 지내는 거. 항해를 무사하게 할 수 있게 해 달라.

김충현: 항해도 무사히 안전하게 건너고, 선원들 건강도 빌고 그래겠죠.

조사자: 전 세계 어딜 가나 마찬가지네요.

김충현: 할아버지 말로는 몸이 약하고 신체가 약한 그런 사람은 잘 못갔다고 해요. 힘도 들고 하니깐.

조사자: 그러니까 이 분이 90세가 넘게 장수하셨던 거네요.

김충현: 93살에 돌아가셨다고.

조사자: 여기 박종산 전 면장님…

김충현: 아까 어디갔다. 아까 나왔는데…

조사자: 같이 계셨던 분 그 분?

김충현: 잘 몰라. 기다려보세요 하고 일단 들어왔어.

조사자: 왔는 김에 그분까지 뵈면 좋을 건데. 그 분이 박종산 전 면장님이신지 몰랐지.

김충현: 그 분도 거문도의 역사에 대해 잘 알고.

조사자: 거문도 역사하고 울릉도 다녔던 이야기를 잘 아시는 분 여기 다른 분 또 계실까요? 이귀순 회장님 말고.

김충현: 나가 볼 때 우리 태수 어르신(김병순 씨) 말씀하신 거 그 정도야. 더 특별한 자료가 나올 거 같지도 않아요. 우리 같이 뱃사람 이야기 들으면 더 자료가 나오는데 우리 수준 말고는 다른 자료는 나오지 않을 겁니다.

## 6. 박종산의 구술 증언

- 일시: 2018.10.29.(월) 13:00~14:00
- 장소: 여수시 삼산면 거문리 해밀턴 모텔
- 제보자: 박종산(84세, 前 삼산면장)
- 조사자: 이태우, 박지영
- 조사내용: 19C 말 거문도 사람들의 울릉도·독도 도항 관련 구술 증언

조사자: 이 책 잠깐 보여드리겠습니다. 이 책 김태수 선생님 어르신(김병순)이 정리해 놓은 자료를 이번에 한번 책으로 내어봤습니다. 이번에 여수 시장님 하고 모셔가지고 거문도 자료집 두 권 출판 기념으로 여수에서 출판기념회와 세미나를 개최하기도 했습니다.

박종산: 나는 이거 처음 보는데.

조사자: 며칠 전에 나온 겁니다, 이게.

박종산: 아 그랬어? 제목이 어찌되는가?

조사자: 『울릉도 독도 관련 거문도 자료』. 그래서 여기 김병순

어르신하고, 그 주신 자료로 책을 한번 만들어봤습니다.

박종산: 그랬으까?

조사자: 그래서 앞으로 계속 거문도 자료를 좀 펴내려고 혹시 자료 갖고 계신 분이나 좋은 말씀도 듣기도 하고 그러려고 다시 또 왔습니다. 몇 번째.

박종산: 안경을 안 갖고 왔다야.

조사자: 글자가 너무 작아서 보시기 힘드실 건데.

박종산: 내가 나이가 팔십 셋이야. 자, 이거 내가 가서 읽어보기로 하고.

박종산: 저번에 우리가 울릉도 독도 갔다왔습니다. 10월 한 15일부터 한 일주일 있었어요. 근데 요즘은 잘 잊어먹어. 이거 지금 내가 볼 필요가 없어.

조사자: 예, 다 아시는 내용이세요. 참고로 저희가 이런 책을 냈다. 앞으로도 이런 쪽으로 계속 거문도 관련 자료를 낼 계획이다. 네, 그겁니다.

박종산: 이거 어디래?

조사자: 이게 만해 선생 생가라고 그러신 거 같은데요. 울릉도 목재로 지은 집이랍니다, 이게.

조사자: 선생님 혹시 박운학 할아버지님이라고 아세요?

박종산: 알지. 뭐 그게 나 호병계장도 오래했지.

조사자: 박운학 할아버지는 여기 어디 살고 계시는 분이세요?

박종산: 가만히 있어봐. 죽촌 아닌가?

조사자: 죽촌이요? 죽촌이면 어딘가요?

박종산: 그거도 우리 동네여. 그것이 면(사무소)으로 갈 걸 그랬어.

조사자: 면사무소요? 그냥 여기서 하셔도. (웃음)

박종산: 면사무소 가면 호적 후루룩 나와. 바로 나와 버려.

조사자: 그럼 조금 있다가 면사무소 한번 가서 보여주실래요?

조사자: 그러죠 뭐. 안 그래도 제적부 관련해서 확인할 부분이 조금 있었는데, 거기 가서 확인할 수 있으면 좋으니깐요.

박종산: 그랑께.

조사자: 요즘 하도 그 개인정보 때문에 저희가 가면 안 보여줘요.

박종산: 가만있자. 면사무소 가서 호적을 봐야 되겠네.

박종산: 지금 점심시간 때니까 밥 먹으러 가버렸겠다. 그럼 조금 있다가 가봐. 근데 박운학 씨가 뭐하는 사람이야?

조사자: 옛날에 저기 신문 인터뷰에서 기사가 난 부분인데요.

조사자: 한번 보여드리겠습니다, 여기. 아마 한번 보셨을 건데? 이 분이 이제 박운학이라는 어르신인데 1963년 『조선일보』에 나왔던 기사입니다.

조사자: 여기서 사발배를 타고 동으로 서로 다녔고 울릉도, 독도를 갔다오셨다고 그랬는데. 혹시 사발배가 어떤 배인지 아세요?

박종산: 이것이 무슨 일보든가?

조사자: 조선일보.

박종산: 몇 년 거?

조사자: 1963년.

박종산: 안경을 안 가지고 왔어.

조사자: 아. 여기가 박운학 씨가 63년도.

박종산: 서도 분인 거 같다.

조사자: 서도 덕촌에 사셨다고,

박종산: 덕촌이던가?

조사자: 1963년에 78세랍니다.

박종산: 아? 덕촌이라고 써져있어?

조사자: 원래 고향이 어디인지는 모르겠는데 일단 이 때 이 63년엔 그 당시 덕촌에 살고 있었답니다.

박종산: 아 그랬어?

조사자: 이게 이규태 씨가 쓴 기사인데요, 집안에 박운학이라는 분은 안 계셨죠?

박종산: 어?

조사자: 박운학 씨라고, 집안에 면장님 윗대에 혹시 박운학 씨라고는 안 계셨나요?

박종산: 그랑께. 덕촌이라고 써져있지?

조사자: 네.

박종산: 거문도 말 그대로 거문도. 학문의 고장이야. 추로지향(鄒魯之鄉)[10]이라고도 해. 그래서 울릉도하고 상관없는 이야기인데 정여창이, 스와 제독이 여기 와서 보니깐 학문이 굉장해. 그래서 고종 황제한테, 그 때는 삼도였어. (정여창이) 거문도로 해주라. 그래서 거문도가 된 것이여. 울릉도를 가는 사람들은 이렇게 벌어먹고 사는 사람들이지.

조사자: 네 다 어민들이죠? 어민들.

박종산: 노동을 하는 사람들. 해초 이렇게 해먹고 나무 베어서 가져와서 집도 짓고. 4월 달에, 여기 풍어제가 4월 15일 날이여, 거문도 풍어제. 갈바람 소풍, 이놈을 타고 저기 쟁기섭설이곶으로 가서 울릉도로 가더라고.

조사자: 보통 갈 때 배가 몇 척 정도 갑니까?

---

10) 공자와 맹자의 고향이라는 뜻으로, 예절을 알고 학문이 왕성한 곳을 이르는 말.

박종산: 그런데 내가 안 봐서 모르지. 할아버지네 어른네 이야기를 듣고, 메모 해놓았다가 이야기를 해 그런데, 여기 풍어제가 4월 15일 날에 가면은.

조사자: 그게 음력입니까? 4월 15일이?

박종산: 그렇지. 오뉴월 돼. 그때 가면 10월 달 하늬바람 때 오지. 그랑께, 그냥 보통 5~6개월 거기서 그러고 그냥 사는 것이여. 우리 외할아버지가 울릉도에서 돌아가셨어. 우리 외할아버지가. 그래 그때는 얼음도 없고 하니까, 소금 속에다가 싸서, 내가 동도 죽촌이 우리집이라.

조사자: 동도 죽촌. 저번에 거기서 하루 묵었습니다.

박종산: 그랬어? 나 있었으면 좋았을 것인디…

조사자: 하하하!

박종산: 그런데, 울릉도 다닌 사람들은 학문적으로 이렇게 아주 깊은 그런 분들이 아니고 일반 서민, 어민 그런 사람들이었어. 그래서 이런 거 해서 남기고 그러지도 않고. 그러고 거문도 사람들이 바닷사람들 그러는데. 저 고흥이나 저런 데 사람들하고는 좀 틀려. 그것이 DNA가 틀려. 그러께 여기 백도 다니고 이런데. 나도 우리 아버지하고 우리 할아버지하고 백도 저기에 6시간 갔다가 6시간 오

고, 또 밤에 고기도 잡지만, 소살질을 해. 창으로 해가지고 고기를 잡고. 그래서 눈이 좀 커 대양인이라고 보면 돼.

조사자: 대양인!

박종산: 그런데 옛날 내 추측의 말인데, 장보고 시절에 그러한 대양인들의 후손들이 살고. 나는 저기 인조반정 때 박성대 대감 입도조가 손손주여, 난 9대인데. 근데, 여기 올 때는 귀양을 와도 참 훌륭한 분네들이 와. 박팽년이 여기 왔었어.

조사자: 박팽년? 여기 오셨다고요?

박종산: 그러고 제주는 좀 그러고. 좋은 사람들을 여기 다 보내. 귀양.

조사자: 귀양을 여기다 보냈다고요?

박종산: 임병찬이, 한 말 때 임병찬 저기 가면 있어. 이따 거기나 한번 가보세. 최익현이는 대마도로 가고 임병찬이는 거문도로 왔어. 그래 훌륭한 사람들을 여기로 보내고잉. 그래서 거문도 사람들이 아니면 저 울릉도, 독도를 못가. 저기 저 고흥 섬 사람들은 거기 밖에 몰라.

조사자: 고흥이나 여수 쪽에도 있지 않습니까?

박종산: 없어. 안가.

조사자: 그 쪽 분들은 왜 안 가려고 생각했을까요?

박종산: 눈이 안 보이는데. 그런데 또 하나 신기한 것이, 초도까지는 아니야, 거문도 임상하고 울릉도 임상이 똑같애.

조사자: 임상(林相)[11]이 똑같다고?

박종산: 임상! 나무 임. 수풀 림자. 물속도 똑같애. 물속 상(相). 거 뭐냐. 이것은 해류가 저 밑에서 남쪽에서 남태평양 들어와서 거문도에 부딪혀서, 다른 데는 안가고, 다른 데로 해류가 갔으면 물 속 산물하고 요게 임상이 같을 거인데, 거문도 걸쳐서 바로 오잖아. 울릉도로 가고. 계곡 밑으로 해류가.

조사자: 북쪽으로 올라가죠.

조사자: 아 해류가?

박종산: 그러니깐, 임상이랑 물속이 같어. 제주도 조금 부딪혀.

---

11) 숲이 생긴 모습.

그런데 거시기해. 울릉도 가면 똑같애. 그래 나는 책으로만 그렇게 봤는데, 이번에 가서 보니깐 신기한 게 짝이 없어. 이만한 조그만 풀까지도 울릉도랑 똑같더라고. 그래서 역시나 자연의 관계(를 무시할 수 없구나). 그래서 멀쩡해. 사람들만 오고가고 하고. 이제 울릉도 하고 교류도 있어. 왜냐하면 우리 할아버지 때 울릉도 가면, 거기 작은 사람 얻어 있거든. 그러면 한 6개월 동안 거기 있으면, 거기서 애들도 낳고, 그러면 걔들이 할아버지 찾아 여기로 와. 그러면 나도 우리 아버지, 거시기 우리 할아버지 세대가 와. 그 울릉도는 가난하지. 거문도는 부자에요. 그러면 이제 찾아오면 걔 보고 (울릉도에서 낳은 아이라고) 울도야 그래. 그런데 거기서 인제 아버지 5촌, 우리 배를 타, 우리 배를 타면서 그래서 도움 부르면 가고. 그 섬(울릉도) 이번에 가봤어. 라선 사람들이 만들어 놓은 마을이 있지? 울릉도 저 위에.

조사자: 현포 쪽 거기에?

박종산: 분지 있더라고.

조사자: 나리분지.

박종산: 나리분지.

박종산: 전라도 라자야. 나리 분지. 거문도 우연한 관계가 있는

것도 기후적으로 맞고, 그 뭐냐 풍어제 할 때 음력 4월 15일 날, 울릉도 가는 날을 풍어제 날로 해서 행사를 하는 것인데. 또 울릉도 선대들이 그것을 기념하기 위해 그 날로 해. 그럼 약 6개월이 흘러오고 그러면, 또 이제 산물을 싣고 오지. 그러니깐 이 섬이, 이 항만이 나도 이자 섬놈이라서 섬을 많이 보는데, 이렇게 묵은 데에서 이렇게 짜있는 이 항만이 100만 평이여. 그래서 미국 놈들만이 온 거 아니야. 영국 애들 한 2년, 1885년인데.

조사자: 전 세계 나라에서 여기를 탐냈다고 들었는데요?

박종산: 아 욕심나는 곳이야. 뿐만 아니고.

조사자: 이런 곳은 또 없으니깐.

박종산: 그렇지. 그러고 인자 1854년도에 거시기 러시아에 푸차친 제독이, 여기 (기록이) 다 있을 것인데, 소식을 듣고, 곤잘로프 하고, 여기 와서 해상 우리 주도 선생님하고 귤은 선생님 알지?

조사자: 필담을 나눴다고.

박종산: 해상기문이라고 알아? 알지? 그 때 나는 그 때 없었응께 모르지 들어서 알지. 1812년 차이코프스키의 행진곡 있어, 대포 소리 15발 나오는 거. 1812년 알아요? 차이코프

스키 작곡한 거?

조사자: 차이코프스키 곡요?

조사자: 1812년 곡이 있죠?

박종산: 곡이 있어. 서곡 보면, 그거를 막 틀면서 온 거야. 러시아 애들이 여기 딱 들어와서. 그래서 나폴레옹이 저기 모스크바 가서 지고 왔죠? 그래서 차이코프스키가 해 놓은 것이지. 바로 1812년이야.

조사자: 1812년의 서곡인가 그런 곡이죠?

박종산: 그래서 세종대학 이사장 주영하 씨가 있어. 그 사람이 거문도하고 거문도 주변의 외교사 공부를 많이 해가지고, 거문도 와서 우리 유지들하고 직접 저걸 했어. 자기도 책을 내서 나한테 여러 권 줬는데, 다 바깥사람 다 줘버리고 나한테는 없네. 그런 곳이 거문도야. 그래 정여창의 스가 제독이 여기 와서 딱 와서 미쳐버려 이 환경 때문에. 내려가면 책이 있을 것이여. 써놓은 시가 있어. 이런 곳이 없다. 지금 여기 죽촌서 여기까지 방파제 그 전두환 때 맨들어 놨어. 저기 1,000미터거든, 제일 긴 방파제가 거문도 방파제야. 묵호고 어디고 1,000미터가 안 돼. 쓱 가서 딱 잘라버리고 여기다 해놓고.

조사자: 죽촌리 앞에 방파제 얼마 전에 공사했지 않습니까? 방파제 공사. 작년인가 재작년인가 공사 했었죠?

박종산: 그것은 대양 파도와 상관없이. 1,000미터 방파제는 그 때만 해도 영국 애들이 와서 방파제 기초를 딱 해서, 한 7~800미터 딱 이렇게 내가 그거를 하거든 쭉 있어. 그러면 그 위에다 해놓은 것이 전두환 때 해놓은 것이야. 영국 애들이 방파제 만들어 놓고 갔어. 반 공사야 그것이.

조사자: 이귀순 회장님 저번에 만났을 때 영국 애들이 어떻게 그것을 해 놓은지 몰라. 이렇게 말씀하시더라고요.

박종산: 그 때만 해도 여기 도란 말은 저기 객선 들어오는 그 도, 여기도 도가 있고. 우리 집 밑에 거기는 커. 그거 막을라고 그랬던 모양이야, 그래서 섬 도자가 아니고 이 도자 물결 도자. 저 도가 웃도. 우쪽은 북쪽을 우쪽이라 그래. 우에는 북쪽을 말하고, 남쪽은 아랫도. 저기가 큰 도. 우리는 웃도로 왔냐 아랫도로 왔냐 그래. 여기가 아랫도. 저기가 큰도. 큰도로 오는 태풍을 막기 위해서 그것을 만들어 놓은 것이여. 하여튼 이런 천연적인 항만이 없어. 사실. 영국 놈들, 소련 놈들, 미군 놈들도 여기 왔었어. 해밀턴이란 말, 아까 포트 해밀턴이라 그랬나? 포트란 항구란 뜻인데. 포트, 포 그것을 보고 보도(寶島)로도 해, 보배 보자. 거문도를 보배 섬으로도 일명이 있어. 보도. 포트 해밀턴이 와전된 것이 아니라, 미화해가지고

보배 섬. 그리고 거문도 산물이 한말뿐만 아니라, 1800년대부터 지금까지 거문도가 여기가 어업 전진기지야. 산물도 풍부하고, 여기서 멸치 이놈을 잡아다가 저 충청도 강경, 마포까지 가고. 여기 나는 삼치도 일본 애들이 다 갖고 가버려. 여기 멸치 맛이, 저 홋카이도 북해도 일본 홋카이도 멸치하고 거문도 멸치하고 맛이 똑같애. 그래서 일본 애들이 우동 해먹을 때 다시를 거문도 멸치로 다시를 해야 최고. 그래서 참, 초도 걸쳐서 왔죠?

조사자 . 조사자: 네

박종산: 초도를 내려다보면 물이 시커매. 그러면 이제 초도에서 쭉 오면 한 반절 쯤 오면은 새파래져버려. 그래서 청정해역이라. 거기서부터 문도라고 있어, 백도로, 거문도로, 이렇게 청정해역이라. 울릉도도 청정해역이더만, 독도도 그렇고, 그래서 물속에 있는 산물들이 틀리다고. 그래서 저 초도 여기 얼마 안 돼. 여기 바로 앞에서 보이는데, 거기가면 자리돔 이런 거 없어. 자리돔 어디에 있는가 모르겠다.

박종산: 여기 무서운 곳이야. 학문적으로 대단한 곳이야.

조사자: 대단한 곳이죠. 여기가. 구한말에 여기가 아주 선진적인 곳이었습니다.

박종산: 그럼. 이제 나는 참 좋을 때 태어났어. 나보다 세살 많은 사람들은 일제시대 때 강제 징용도 가고, 6·25 때 전쟁도 가고, (여순)반란 사건 때 죽기도 하고. 그런데 우리는 될까 말까 눈에 훤해 다. 그래서 우리 장인이 키도 나보다 크고 천재야. 서도 1805년 근데 이제, 동경대 법학과 나왔다. 김상순 씨.

조사자: 김상순 어르신? 그 분 많이 들었습니다.

박종산: 아니. 김상순 씨. 명지대학 법학 할 때 같이 간 사람이 군성에 강영호 있지? 공주하고 살았어. 부마. 같이 간 사람 그렇게 왜 같이 갔겠냐? 그러면 한말 때 영국 애들이 왔을 때, 중앙에서 벼슬아치들이 여기를 와. 그래서 알아. 그래서 같이 갔지.

조사자: 그 당시에 김옥균이 왔다고 이야기 들었습니다.

박종산: 김옥균이도 그럼 뭐 왔다갔지. 우리 집까지 멀지 않으니, 우리 집까지 한번 가볼까?

## 7. 진옥 스님의 안용복 · 뇌헌 관련 구술증언

- 일시: 2018.1.15.(월) 15:00~16:30
- 장소: 석천사(여수시 덕충동)
- 제보자: 진옥스님(석천사 주지, 前 흥국사 주지)
- 조사자: 이태우, 박지영, 정태만
- 조사내용: 1696년 안용복의 2차 도일시 동행했던 여수 흥국사 소속 뇌헌 등 5인의 승려들의 활동 및 의승 수군의 조직과 활동에 관한 구술

진옥 스님: 거기서 많은 시기의 명단들이 많이 나왔습니다. 그때 대중이 한 300명 정도의 명단도 나오고, 그래서 그 비문에 안용복하고 (같이) 간 (뇌헌)스님의 이름이 있습니다. 대웅전에 있습니다, 대웅전에서 바라보자면 그 왼쪽 벽 공포 사이에 그분의 함자가 그대로 있습니다. 그래서 이제 흥국사 승군과 연관돼서, 내가 추정하기로는, 좌수영이 해체될 때까지 있었습니다. 있어서, 그 역할이 굉장히 여러 가지로, 역할이 컸습니다. 그 가운데 울릉도에 갔던 그런 일도 있었고… 그런 것 같아요. 그러니까 그 쪽 자료가 부분적으로 보이는 것이 이제 있습니다.

조사자: 일본 자료에 보면 분명하게 여기 입구에 임금 왕이, 큰 사전에 보면 '나라 국'이 나오는데, 이걸 많은 사람들이 (흥국사를) 흥왕사로 잘못 읽고…

진옥 스님: 잘못 알고 있어요. 글자가 원래 요렇게 입구 밑에 이렇게 쓰기도 하고, 이렇게 쓰기도 하고, 그 다음에 입구를 크게 쓰고, 여기에 쓰기도 하고. '나라 국'자.

조사자: 제가 이렇게 쓰는데 힘들었습니다. 열 권으로 된 사전 보니깐 나오더라고요. 조그마한 사전엔 아예 안 나와요.

진옥 스님: 그래서 옛날에 상량문을 쓰는 사람들이 글자랑을 하느라고. 어떨 때는 보면, 잘 안 쓰던 글을 쓰는 글자가 많아요.

조사자: 그 다음에 또 뇌헌스님이 일본 가서는 금오승장을 자칭하셨는데, 그걸 까마귀 오자인데 그걸 막 금조로 읽기도 하고, 새 조로 읽기도 하고, 매 음으로 읽기도 하고. 이러다보니깐 이 제대로 번역 한 사람이 10인 10색으로 번역해가지고 이 아직까지 제대로 안되어 있습니다.

진옥 스님: 금조가 아니고 금오 일겁니다.

조사자: 그렇죠.

진옥 스님: 금오인데, 그거는 이제 승장의 역할들이 아마 있었거든요. 그게 좌수영에서도 승청이 따로 있었습니다. 그러니깐 좌수영 안에, 좌수영 안에 호 좌수영지 그 지도에 보면요, 승청이 따로 있었습니다. 따로 있어서 승군에 소임들이 여기저기 주어졌어요. 그래서 아마 금오승장일 거예요. 금오승장은 뭐냐 하면 지금 금오도에, 금오도와 연관이 있을 거라고 저는 그렇게 생각합니다.

조사자 : 금오산도 향일암 거기에 있지요?

진옥 스님: 거기를 금오산 그러는데, 예… 그 금오산 그렇게 하기도 하는데, 그 얘기는 저는 (금오산이) 금오도(와 관련된), 섬 이야기로 봅니다.

조사자: 향일암보다는, 그러면 금오산하고 금오도는 좀 떨어져 있지요?

진옥 스님: 많이 떨어져 있습니다.

조사자: 1729년에 상량문이 있던데요, 저기 박물관(의승수군 유물전시관)에, 그게 여기에 들어 있지요?

진옥 스님: 있을 겁니다. 근데 그 뒤에 책, 내가 쓴 후에 나온 것은… 안 들어가 있고.

여수 흥국사 의승수군유물전시관

조사자: 저희들이 보기에는, 그때 타고 간 배도…

진옥 스님: 흥국사 배가 따로 있었던 것으로… 그렇게

조사자: 흥국사 배고… 어떻게 보면 안용복은 일본 한번 간 적이 있고, 일본말을 잘하니까 같이 간 거지.

진옥 스님: 근데 이제 승군의 그때 세력이요. 이쪽에 300명이 유지가 됐거든요. 300명이 1800년대 말까지 유지가 된 것으로 보여요. 보이니깐 활동이 굉장히 컸습니다. 이 지역에서도 컸고, 울릉도까지 영향을 미칠 정도로. 왜 그러냐 하면 여기가 해군의 사령부니까. 해군과 수군의 핵

심부서가 여기 있었고 그러니까. 그 세력들이 굉장히 컸어요. 승군들도… 그때 당시 여기 8도 도총섭이 있었습니다. 승군 총사령관이, 임진왜란 끝난 뒤에 거의 다 해체되는 상황 속에서. 여기 승군은 해체가 안됐어요.

조사자: 전체, 총 사령부가 여기 있었군요?

진옥 스님: 예. 그러니깐 엄 운, 엄 완 이런 스님들이 약 한 이백칠, 팔십 년 전 그때 당시에 총사령관이었어요. 승군 총사령관으로 있으면서, 활동을 했기 때문에 영향력이 굉장히 컸습니다.

조사자: 그때 일본 자료를 보면 안용복 일행이 팔도지도를 가지고 가서 보여 주면서, 울릉도 독도가 조선 땅이라고 말했다는 거죠.

진옥 스님: 그때 인제, 뭐 때문에, 나는 이제 내가 그 부분에 대해서는 깊이 연구를 안 해봤는데, 사실상은 내가 볼 때는 이쪽에서 일본이 울릉도 쪽에 와 가지고

조사자: 안용복 박어둔 둘을 납치해 갔죠?

진옥 스님: 납치해가기도 하고, 그쪽(울릉도)에서 뭘 했느냐하면 삼나무 이런 것을 많이 베가고. 나무들을 많이 베가서 배 만드는 데 쓰고, 그쪽이 그 사람들이 자주 출몰하는

데에요. 그래서 해군의 역할 가운데 하나였지 않았나, 난 그렇게 생각합니다.

조사자: 그때 안용복이 1693년에 납치당하고. 그 두 해에는 일본 기록에 보면은, 갔더니만, 울릉도에 갔더니만 조선인이 철포를 쏴 가지고 겁이 나서 돌아왔다. 이런 기록도. 얼마나 신빙성 있는 기록인지는 모르겠지만. 철포를 쏘고 할 정도 같으면 그냥 어부들이 철포를 아무나 함부로 가져왔을 리도 없고. 또 팔도지도는 또.

진옥 스님: 그런데요 이게 해군이, 강원도는 해군이 없지 않았습니까. 저 경상 좌우수영, 주로 그쪽은 전략적으로 볼 때, 태백산을 넘어야 되기 때문에 그쪽은 항구로서 적절지도 않고, 왜구가 쳐들어올 수 있는 가능성도 별로 없죠. 탈취해갈 것도 별로 없고, 그 울릉도에서 나무를 채취하거나 그런 것을 하기 때문에 이제 그랬었고, 그렇기 때문에 이쪽 좌수영에 방어끈, 거의 끈이라 할 정도로 그랬던 것 같아요. 승군 활동을 갔다가, 그쪽까지 같이 시켰던 것 같아요. 일본하고 연관이 지어진 것 같다. 나는 그런 생각을 많이 합니다. 그래서 그때 당시에 승군 활동은 상당히 넓었고, 여기서 승군 활동이 우리가 보통 학자들이 간과하기 쉬운 것이 제례, 제례의식, 그러니까 우리 불교에서는 공양의식인 법회의식 같은 것을 좀 등한히 해서 보는데, 내가 인제 볼 때는, 지금 해남의 미황사, 미황사가 흥국사를 지었던 분이 지은 것 같아요. 똑

같아요. 규모가 좀 작지. 불상도 똑같습니다. 그래서 그 쪽에도 이제 한번 깊이 있게 조사를 해 볼 필요가 있더라고요. 이쪽 지역에 남해안 지역에 수군이 있었던 지역에 수륙제라는 것이 다 공통적으로 있었어요. 임란 끝난 다음에.

조사자: 수륙제요? 제례의식.

진옥 스님: 법회의식인데, 수륙 고혼 천도제라고 해서, 흥국사에도 그 책이 지금 다 남아있어요. 그러니깐 흥국사가 항상 중심이 됐어요. 삼천포 운흥사, 통영 미래사, 동래 범어사까지 다 남해안 지역에 쭉 분포가 되어 있었어요. 그래서 그 영향력이 남해안 지역에는 수륙제라는 법회를 통해서 크게 이제 영향을 끼쳤는 것 같아요.

조사자: 그 중심역할을 흥국사가 했다는 거죠?

진옥 스님: 네 흥국사에서 했죠. 그때 이제 승군 총사령관이 여기에 다 계시고, 그 분들이 주도를 했어요. 처음 여기일 때에는 임란 끝나고 난 뒤에, 선조가 백미 600석을 갖다가 공양해서 수륙제를 여기서 지내게 됐고, 그게 인제 연원이 되어가지고 계속 확장이 된 거죠. 한 300여 년 정도 지냈는 것 같아요. 그 수륙제라는 의식에 핵심부위가 지금 흥국사의 원통전입니다.

조사자: 예 아까 원통전 보고 왔습니다.

진옥 스님: 원통전 거기에 그 원형이 그대로 남아 있습니다. 그게 1624년도에 지어진 것 같더라고요? 기와에 그것이 나왔어요, 명문이. 박물관에 있습니다. 이게 1624년도에 지어진 것으로 보면, 임란 끝나고 나서 한 1625년~1626년 요사이, 1598년~1599년 이 이후에 놓고 본다고 하면, 1621년~1622년, 그 정도 되는데. 그 기와에 명문이, 그 기와 내릴 때 내가 하나하나 검사를 다해서, 1624년도께 있어서 내가 박물관에 다 넣어 놨어요. 근데 이제, 거기가 수륙제 지낼 때 맨 먼저, 불보살 모시고 들어오기 위해서, 먼저 청소하는 의식이 있습니다. 이게 문을 사방으로 다 열고서 일세 동반 이렇게… 하는 특징 중 하나인데, 그 원형이 우리나라에서 거기 밖에 안 남아있어요. 사방으로 할 수 있는. 대청마루가 이렇게 쭉 둘러있고, 그래서 수륙제 총 남방에 있었던 수륙제라는 문화 의식의 총 본산이 흥국사에요. 그래 인제 그때 팔도 도총섭이 전부다 지휘하고 있었고. 그렇기 때문에 이 영향력이 굉장히 컸어요. 그런데 어쨌든, 이순신 장군 뒤를 이어서, 이순신 장군 때 전승을 했던 지역이고요. 여기를 갖다가 왜군이 다시 쳐들어오지 않게 하기 위해서 전략적으로 굉장히 중요한 곳이고. 승군이 유지되어야 될 중요한 곳…

조사자: 거의 100년이거든 임진왜란 끝난 후, 1696년이니깐.

조사자: (안용복이 2차 도일 때 소장하고 있었다는) 그 팔도지도 같은 거, 여기서 갔다고 봐야 할 것 같은데… 여기서, 총사령부에서 가지고… 어떻게 생각하십니까?

조사자: 그때 스님. 왜 그렇냐 하면은, (안용복 일행의 2차 도일이) 외교 문제가 되니까. 조선 조정에서는 어리석은 백성들이 지들이 알아서 간 거다 (그렇게 한 거죠).

진옥 스님: 그렇죠. 외교죠. 정부는 면피해 버리는 거고.

조사자: 이렇게 하다 보니깐. 승병의, 의승 수군의 역할은…

진옥 스님: 원래 조선시대요. 미안하지만은, 유림들이 좀 그랬어요. 권세를 잡고서, 임진왜란 때 승군들이 8천 명 정도 동원이 됐어요. 죽은 사람만 해도. 화엄사 같은 경우는 거의 다 죽고 나중에 대중이 한 삼, 사십 명 밖에 안 남아 있었습니다. 남원 전투까지 밀려 올라가서, 남원성에서 많이 죽었거든요. 그렇게 하면서 자기네들이 도첩 준다 그러고, 도첩도요 전부 다 뭔 종이에 했느냐 하면은, 사고지 있잖아요? 거기다 찍어가지고. 코팅, 요즘 같으면 기름도 못 먹이게 하고, 그게 한번 분실되면 재발급도 안 되고 그래서 공훈을 주는데 굉장히 인색하고, 공적을 깎아 내리는데 굉장히 인색했습니다. 사명스님을 뭐 대우한다고 해서 영의정으로 잠깐 뭐 명예적으로 했다가, 유림들이 그냥 빗발치듯이 일어나가지고… 자기들

은 싸울 때는 전부 다 도망가고…

조사자: 관군이 제일 먼저 도망가고, 그 다음 유림이 도망가고… 허허.

진옥 스님: 임금부터 도망가 버렸으니깐 뭐. 그러니깐 싸운 사람들은 뒤에 공훈을 그렇게 했는데, 예… 이제 조선시대에 그 직접 명령 내려서 가서 뭐 안 했더래도 군이, 승군이 그냥 군이거든요. 준군사 조직입니다. 그러니까 직접 전투하고 다 승군이라 아예 군으로 씌어져 있어요. 그랬던 좌수영 소속 정규군이에요. 정규군이고, 항상 출동하고 그렇게 다 동원됐고. 다 승청을 갔다가, 좌수영 안에다 두고서 승군 대장을 직접 선조가 임명한 사람이에요. 임명한 사람이고, 다 그런데 뒤에 외교 문제가 되니까.

조사자: 일본하고 외교 문제도 그렇고, 이제 청나라도 우리가 군사를 키우는 거를 어떻게든 자꾸 누르니깐, 그 역할을 많이 했음에도 불구하고 지금까지도 이렇게 계속 제대로 안 알려지고…

진옥 스님: 흥국사에 중요한 스님인건 맞아요. 뇌헌 스님이, 그 비문에도 있습니다, 비문에도 있고, 대웅전에도 있고 다 있습니다.

조사자: 그때 팔도지도라는 게 누가 사사로이 뭐 동래 어부 안용

복이가 어디 구해서 갈 그게 아니거든요, 그렇지 않습니까? 지도를, 팔도지도를 가지고 보여주면서 그랬다면은, 만약에 어부가 그럼 구했느냐, 어부가 구했다기보다는.

진옥 스님: 그 때 당시 지도라는 게 지금처럼 나와 있는 때가 아니고요, 군사용이나 자기네들 관청에서 쓰기 위해서 나와 있었던 것이지, 어디 뭐 민간인이 가집니까?

조사자: 그럼 승병 총사령부가 있었다고 했다던데, 동래 어부가 사사로이 지도를 구해 가지고 주장하고… 이제 그 부분이 기록이 없다보니깐 이게 약간…, 그럼 결론으로는 충무공이 양성한 승병의 후예가 울릉도 독도를 지켰다 이렇게 결론을 내리고 싶은데 인제 그런 게… 근거 자료가 좀 부족하다, 심증은 있는데…

진옥 스님: 근데 근거 자료가 부족한 거만은 사실인데. 그래서 전에 인제 사학자, 그 동국대 김상현 교수님 계실 때 흥국사 연관해서 문집들을 한번 다 뒤져볼라고 했다가 못했어요. 그 전후로 해서, 임진왜란 후부터 시작해서 1800년도 말까지, 명사들의 문집들을, 흥국사와 여수와 연관된 것을 뒤져 보면은 이런저런 얘기가 좀 (나오지 않을까?)…

조사자: 그런 문집들이 좀 있는가요?

진옥 스님: 있습니다. 한번 또 그건 좀 용역을 줘서 쏵 뒤져봤으면 좋겠다 싶더라고요.

조사자: 그때 결국은 그 때 간 스님들 그 영향으로 그 거문도, 결국 여수 영향권 아닙니까, 거문도도, 거문도 사람들이 조선 후기에 울릉도 · 녹도까지 꾸준하게 갔더라고요.

진옥 스님: 근데 꾸준하게 가고요, 어 여기가 지금 바닷길이에요, 바닷길이 울릉도랑 그 쪽이 먼 길이 아닙니다.

조사자: 우리는 되게 먼 걸로 이렇게 생각했는데. 육지 사람은 상상도 못하지, 갔다는 말 자체를 안 믿지, 보통사람들은.

진옥 스님: 육지 사람들이 바라볼 때 그런데, 이 바다 사람들은 울릉도까지 가는 것은 북서풍이 불 때, 편서풍이 불 때 그냥 쉽습니다. 별로 어려운 문제가 아니에요.

조사자: 스님 말씀이 참, 다른 사람이 설득할 때도 우리가 이렇게 해도 안 믿어주니깐.

조사자: 그 편서풍 북서풍이 불 때는 어느 정도 시간이 걸렸을까요?

진옥 스님: 그거 뭐 한 내 짐작에는 한 3일 정도.

조사자: 다이렉트로 바로 가면요?

진옥 스님: 다이렉트로 바로 가면요 3일 정도 갈 수 있습니다.

조사자: 바람 제대로 타면 3일 안될 거야 아마, 뭐 중간에 포항 쉬었다 가면 몰라도.

진옥 스님: 저 안 쉬고 바로 간다 그러면, 한 3일 정도, 밤낮으로 간다 그러면 갈 정돈데, 많이 걸려 봐도 4일 정도.

진옥 스님: 그게 이쪽에 승병하고 같이 연계지어서 꼭 볼 필요가 있습니다.

조사자: 그래서 저희도 온 목적도 그렇게 한번 볼려고 스님 말씀을 들으면 도움 많이 되겠다 싶어서, 지금까지는 승병하고는 별개로 안용복 관련해가지고 일본하고 독도문제를 같이 한번 같은 연장선상에서 이렇게 봤는데, 이게 승군 활동하고 같이 결합해서 보는 거는 새로운 발견이 되겠다.

진옥 스님: 흥국사가 수군, 의승 수군의 주진사.

조사자: 주진사?

진옥 스님: 머무를 주자하고 진할 때 진자, 진압할 때 진자하고.

그래서 실제의 승군 수군의 총사령부입니다. 사령부고 그 유물들이 거의 다 내가 수습한 것만 해도 승군에 관해 수습한 것만 해도, 방증된 것 하고 약 300점 정도? 수습이 다 되어있어요.

조사자: 아까 그 우리가 흥국사에 다녀왔는데, 유물전시관에도 제법 많이 좀 있는 것 같습디다. 그 외에도 또 다른 데 있습니까?

진옥 스님: 바깥에 비문이나 이런 것들은 비나 이런 것들은 1776년도에 세워진 포자수영수성창설비 같은 거는 시내 안에 있습니다. 바깥으로도 있고요. 이제 승군의 그 때 당시 승군 대장을 하셨던 자운 스님의 부도는 남원 실상사에도 있고, 구례 화엄사도 있고요, 네 다 있습니다.

조사자: 그 때 아마 제 짐작에는 최정예 의승 수군이 출동한 게 아닌가? 왜냐하면 일본 기록에 보면 돗토리번에 못 간다고 일본관리가 얘기하니깐 몽둥이로 때렸다 이런 야사 비슷한 게 있어요. 그래서 다섯 스님 중에 한 분이 몽둥이로 일본 관리를 때렸다는 뭐 그런 그 배짱이라던가, 체력 이런 게 아마 최정예 의승 수군이 출동(한 게 아닐까?).

진옥 스님: 근데 뇌헌 스님이라는 분이 보니깐 흥국사에 그 때 당시에 차지하는 위치를 보니까, 포 속에, 그 공포에는

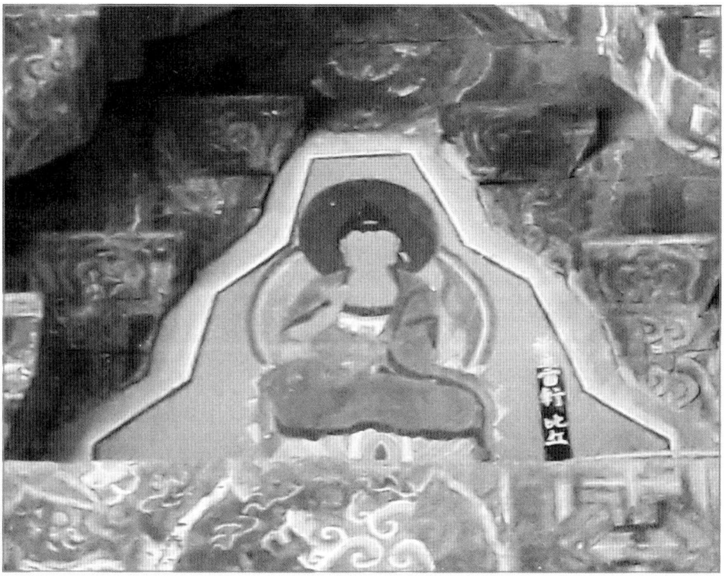

흥국사 대웅전 공포 사이에 그려진 뇌헌 스님 벽화 그림

백공포 벽화에, 시주자에, 거기에 아무나 올라가는 게 아니고요, 그 때 그 스님들 가운데, 흥국사 큰 스님 가운데, 여섯 일곱 분 가운데 한 분이에요.

**조사자:** 그 쭈욱 (스님들) 이름이 이렇게 있던데 그 분들이 다 동시대의 인물들입니까?

**진옥 스님:** 네 거의 동시대에요.

**조사자:** 그럼 그 분들 중에서 여섯 일곱 분 중에서 한 분?

진옥 스님: 네 승군 활동이 활발했고, 그냥 이렇게 제 짐작으로 볼 때, 그게 대웅전 짓는데 본인이 시주를 많이 했어요, (뇌헌 스님이) 금전적으로도 상당히 재력이 있었던 분 같아요. 그래서 대웅전을 갔다가 1690년에 지었거든요, 1691년에 탱화 만들고, 이렇게 하면서 뒤에 보니까 뇌헌 스님이라는 분이 그 대웅전의 탱화 뒤에 확인에는 안 나오더라고요. 못 봤어요. 찾아보니까 안 보이고. 그러니까 탱화는 시주를 안 했고, 대웅전 짓는데 그 때 당시 대웅전 지을 때 주지 스님이 통일 스님이라는 분이었거든요? 통일, 통할 통자 날 일자, 통일 스님이라는 분이었는데, 그 분 계실 때, 통일스님의 신분이 상당히 있었고, 그 때 당시 거의 내가 추정하기로는 600명 정도 대중이 되었는데 그 중에 승군이 300명이에요.

조사자: 600명 스님 중에 승군이 300명?

진옥 스님: 그 내가 명단 확인한 걸로는 624명까지 확인했어요.

조사자: 그건 그 당시입니까? 그 후의 시대가 거의 그 시대입니까?

진옥 스님: 거의 그 시대입니다. 대중 변동 별로 없었을 때.

조사자: 그럼 그 다섯 분 대조해보면, 같이 간 다섯 분도 그 중에…

진옥 스님: 그 중에 있을 수 있어요. 한번 찾아봐야 돼.

조사자: 뇌헌 스님 이외에도?

조사자: 그 분들 명단도 어디서 찾을 수가 있겠습니까? 뇌헌 스님 이외에도? 명단.

진옥 스님: 상량문 속에 한번 찾아봅니다.

조사자: 1720년 상량문, 아니 아까 사진을 찍었는데, (눈으로 볼 수 있는) 일부분이 있는데 거기에는 없었습니다. 아까 차타고 오면서 봤는데, 전시되어있는데 유물관에 전시되어있는 1725년에 상량문에 보이는 부분 있잖아요.

진옥 스님: 그게 길이가 그 쪼그만한 두루마리 있지요? 그게 거의 육 미터 정도 한 겁니다.

조사자: 아니 전시 되어있는 거는 일부분인거죠.

진옥 스님: 네, 일부분만 전시되어 있는 거지요.

조사자: 혹시나 요 다섯 분 그것도 조금씩 다른 것 같아요, 일본에서 썼던.

진옥 스님: 한문이 다르니깐, 다른 비슷한 걸 찾아야 되요,

조사자: 법명하고, 그 이제 맨 끝에 분은 내헌 스님의 제자로 되어있고 혹시 봐주시지요.

진옥 스님: 네 그러겠습니다.

조사자: 그 중수비인가 그 비문, 흥국사 입구에 있는 비 뒤쪽에도 보니까 뇌헌 이름이 있습디다.

조사자: 거기는 판사.

조사자: 근데 판사라는 직책이라 할까, 그게 어떤 임무를 맡았을까요?

진옥 스님: 그 때 당시 뭘 했냐면, 그 명예 관직… 그 왜냐하면 이 승군하고 일반군하고 계급을 같이 주지 안아놓으면 문제가 생긴단 말이죠, 그래서 정부에서 준 명예 관직입니다. 그 승정대부, 또 뭐.

조사자: 그게 아니고요, 스님으로서의.

진옥 스님: 아니 그니깐, 세속을 줬어요, 관직을 따로 줬어요, 통정대부, 승정대부 이런 거 있잖아요, 판사 이런 게 있습니다.

조사자: 저는 불교계 내의 어떤 명칭인가 싶었는데.

진옥 스님: 아니에요, 그거는 이 계급을 똑같이 줘야 한쪽이, 군 조직이란 게 계급에 의해서 뭉개버리니깐. 그래서 팔도 도총섭이라는 것도요, 승군 대장이란 호칭을 가지고 아무나 쓴 게 아니고 아무나 쓰면 국가에 잡혀들어가지요. 그래서 그 팔도도총섭이라는 것도 그것도 임금이 직접 내린 겁니다.

조사자: 아까 적혀있던 통정, 동지, 판사 이거.

진옥 스님: 그거는 세속 관직, 명예 관직들입니다.

조사자: 종 9품입니다.

조사자: 종 9품.

조사자: 종 9품 관직입니다.

조사자: 일본문서에는 헌 판사, 석씨 이렇게 되어있던데.

진옥 스님: 석씨라는 것은 승려라는 뜻입니다.

조사자: 헌 판사, 석씨 이렇게 되어있고, 일본 그 시마네현 섬에 갔을 때는 방주, 직역하자면, 이제 주지가, 스님을 높이는 겁니까? 방주를 어떤 사람은 주지라 그러고 주지를 번역하는 건 좀…

진옥 스님: 이건 주지가 아니고요, 한 부분 방어사입니다.

조사자: 아닙니다. 이게 일본어인데요. 그 방자가 아니에요, 아닌 것 같아.

진옥 스님: 방장할 때 방을 썼으면 승려라는 뜻입니다. 방향이라는 방자를 썼으면 승려라는 뜻이고요.

조사자: 아 잘못 직역하면 주지로 번역할 수가 있는데.

진옥 스님: 주지는 아니고요, 아마도 승려 뭐 이런 뜻이거나, 저 방자를 썼으면 어느 한 지역의…

조사자: 일본어로 보즌데,

조사자: 나는 어딘가 주지로 번역했던 것 같아요. 내가.

진옥 스님: 주지는 아닌 것 같고요, 그냥 승려인데, 방자를 써 준 거는 굉장히 높여서 쓰는 거죠. 방장이라는 말이 그게 인제 장육이라는 말에서 나온 거거든요. 장육이라는 말은 부처님 키가 인제 장육이었다라는 것을 그렇게 썼는데, 부처님이라는 뜻이에요, 승려라는 뜻이에요. 방장이라면 구체적으로 말해서 부처님을 대신해서 지도하는 스님, 그런 뜻이에요.

조사자: 일본에서 보통 스님을 보즈, 보사마라고 스님이란 뜻이죠. 보사마는 스님이란 뜻이고, 보즈는 승려란 뜻이고 주지는 주쇼크라고 그러지요.

진옥스님: 요쪽에서도 주지는 아니었고요, 그 때 당시 주지가 통일스님이었으니깐, 대웅전 지을 당시에 주지는 통일스님이었으니깐, 아마 통일스님이 평생 주지하셨을 거예요. 중간에 주지가 바뀌고 그런 것이 아니면.

조사자: 예전에는 한번 주지스님 하시면 계속 하셨나보네요?

진옥스님: 한 번 하시면 돌아가실 때까지 계속 하셨어요.

조사자: 제도가 지금하고는 다르구나.

진옥스님: 지금 하고는 완전 다르죠.

조사자: 승적 같은 것이 남아있을까요?

진옥스님: 그 당시 승적 같은 것은 안남아 있지요. 이제 주지선생안 이라고 해서 옛날에 주지들의 그 이렇게 한 거 남아 있는 게 더러 있었는데, 그것도 임란 이후의 얘기가 많고, 저 주지하는 것을 자랑스럽게 생각을 안했으니깐, 별로 기록을 안 해요. 주지하는 것을 별로 그렇게 자랑스럽게 생각하지 않았어요.

조사자: 사판승 말씀 하시는 거예요?

진옥스님: 사판승보다는 주지하는 스님들도 내가 공부를 해야 되는데 이게 대중들이 살림 살아달라고 하니 참 애터지네 하시고…

조사자: 아까도 스님이 그런 말씀을 하셨는데, 그 뇌헌 스님 포함해서 그 당시에 스님 다섯 명이 울릉도 가서 다시 또 일본까지 건너가고 이렇게 했는 게 어떻게 보면은 우리나라의 영유권이라 할까, 영역을 일본이 침입한 것을 인제 쫓아내려 간 것인지?

진옥스님: 우리가 이제 와서 그런데 여기 사람들도요, 여수 사람들은 울릉도 가는 것이 옛날 배타고 가는 것이 먼 길도 아니에요. 울릉도까지 그래서 육지로 가는 것은 태백산을 넘어가야 되니까 산맥을 넘어야 하니깐.

조사자: 산적 나오고 막.

진옥스님: 그럼요. 지금도 돌산에서 나오는데, 도로가 이래 났으니까 그렇지 옛날에는 다 배 타고 다녔습니다. 저 돌산 끝에서 금오도서 배타고 삼일항 이리로 왔고, 삼일항 거기서 흥국사까지는 1점 몇 키로 밖에 안 되자나요. 그래서 그 항상 배로 이동을 했고, 삼일항 자체가 군사항구입니다. 그 지금은 (여수)공단이 다 되버렸지만은, 항급

니다. 임진왜란 때 거기에 왜선, 그 소서행장이 거기서 크게 전투를 했던. 그때도 승군이 사명스님이고 뭐 그 조명연합군 할 때 스님들이 조선군에 700명이 왔죠. 사명스님이 직접 여기 왔어요. 그러고 인제 요쪽에 해군에서 우리 승려들이 300명이 왔고, 1,000명이 같이 전투를 했던 곳이에요.

조사자: 그 희생에 비해서 평가는 지금도 참 너무…

진옥스님: 평가는 별로 스님들이 그렇게 평가하기를 공적 들어내서 상훈을 받는 것을 원치 않았던 것도 있고. 그 다음 이제 유림들이 철저하게 승려들의 공훈을 숭앙함으로써 자기들이 도망갔던 게 부끄러운 것이 많으니까 안 할라고 그랬어요. 안할라 그라고 어쨌든 간에 그거를 깎아내리려고 하고, 이때는 조헌과 영규스님 뭐 이리 있었잖아요. 조헌 밑에 승병이, 조헌은 아니 그 영규스님 밑에 승병이 영규스님 혼자 참전 한 걸로 되어있어요. 지금도 그렇게 되어있어요. 승병이 그때 한 300명 정도 참전해가지고 다 죽었거든요. 영규스님도 마지막까지 누나 집에까지 피신을 왔다가 누나가 장수가 한 번 나갔으면 죽어서 돌아올 일이지 니가 왜 살아서 돌아왔느냐 해서 도로 쫓겨나가서 죽었다합니다. 거기도 인제 금산싸움에도 그랬고, 여기 같은 경우도 조선시대 때 그 참~ 그런 기록들이 정사나 이런 쪽에서 뺐어요 다 빼고, 우리 절에서 전해 내려오는 것 이런 것, 상량문이나 이런데 전

해지고 그랬지 별로 없어요. 전적으로 내가 볼 때는 국가 전체가 유교 국가기 때문에 숭유배불에 아주 승려들을 크게 해야 할 이유가 없었죠. 그러니까 전투마다 이를테면 진주성에도 가서 보시면 호국사라는 절이 있습니다. 호국사라는 절에 진주성 싸움에서 승려들이 많이 참여했는데 그냥 일반 그거 했어요. 그라고 남원성 싸움에서도 만 명이 죽을 때 거기서 민간인들 다 학살당할 때도 그 때 승려들이 다 있었어요. 화엄사 그 쪽 계열에 있었던 스님들 다 밀려올라가지고 남원성으로 다 들어가서 다 돌아가셨습니다. 그런 것들을 이제 간과하죠, 다 간과하죠. 유생들이 인제 그런 것을 가지고 별로 달갑게 생각 안하고 그렇게 숭유배불정책에서 이제 계속 폄하하는 그런 것들이 많았죠. 그거는 인제 여기라고 해서 뭐, 여기는 그래도 조금 나았어요. 군대가 직접 있었으니깐.

조사자: 스님, 그렇기 때문에 독도문제에서는 이쪽이 승병이 출동했다 그러면 일본이 외교문제로 삼고 전쟁이 일어날 수 있으니깐. 또 독도문제에 있어서는 또 다른 이유에서 이 뇌헌 스님의 역할을 덮어버렸는 것 같더라고요.

진옥스님: 그건 뭐냐면, 우리가 짐작한데는 외교문제가 벌어지는 것이지요.

조사자: 예 모르는 사람도.

진옥스님: 그런데 외교 문제가요, 어떻게 해서 벌어질 수 있느냐면, 여기가 요즘 같으면 해병대들이에요, 해병대. 요즘 같으면 장성급이 일본을 갖다가 뭐 어떻게 했다 그러면 이게 문제가 심각해지는 거예요. 더군다나 군 장성이나 대령급이 부하를 데리고 막 정탐을 했거나 했으면 그냥 두겠어요, 그게? 그냥 두지 않지.

조사자: 그러니까 조정에서도 표풍우민이다. 표풍우민이 자기들끼리 가서 한 거다. 자꾸 이렇게 하다보니까 뇌헌 스님의 역할이 점점 인제 또 다른 의미에서 덮어지는 거지요.

진옥스님: 뿌리 자르고, 가지 자르는 거죠 이제. 예 승군에 있죠. 지금 명확하게 명단이 다 있고 승군의 조직이 정부에서 준 관직에 의해서 정식으로 승군이 다 등록이 되어있고. 그 때 군 등록이 다 되어있는 겁니다. 그러고 전투를 하거나 훈련을 할 때 전부다 승군들이 다 참여를 했고. 그 사적기에도 분명히 기록이 되어 있고, 예. 거기에 의승 수군이라는 말을 내가 쓴 게 아니고, 상량문에 있습니다. 있기 때문에 내가 쓴 거야. 의승 수군이라는 말은 또 어디에 있느냐면, 1776년도에 요 승 보수원에서 승군들이 거기서 승 보수를 했는데, 그 때 그 창설비에 거기에 의승 수군이 기록되어있어요. 공식적인 비에다가 기록이 되어 있어요. 의승 수군이라는 것은 의병이죠. 그러니까 동원된 의병보단, 곽재우도 동원된 것은 아니잖아요. 곽

재우도 동원된 것은 아니고 자발로 전부다 다 나와서 했는데, 승군. 거는 좀 달라요. 저 서산 스님 계열은, 서산 스님 쪽은 왕이 직접적으로 그 동원령을 내렸거든요. 도와달라 했거든요. 거기서는 어떤 면에서 서산 사명 이렇게 이어지는, 핵심 육군 승군은 동원된 느낌이 있어요. 있는데, 여기는 이장군 '청상장'에도 보면, 이들은 자원으로 왔습니다. 식량도 대주지 않고, 옷도 대주지 않는데, 다만 배만 내줬어요. 배하고 무기만 줬어요. 무기는 없으니깐. 그랬는데, 하루 종일 사천 싸움이에요. 사천에 그 운포. 운포 싸움에서 하루 종일 항구를 들락거리면서 돌격을 하고 했다. 그 기록이 그 상을 청한 '청상장'이 있거든요. 거기 보면 의승 수군임에 틀림없어요. 그렇게 하고 이제, 1800년대 말 되면서, 이봉호 절도사가 아, 좌수사가. 좌수산가 절도산가?

조사자: 수군 절도사… 이봉호.

진옥 스님: 아 절도사죠? 그 공북루라는 현판이요, 이봉호 장군 글씨입니다.

조사자: 아래쪽에 현판에 쓰면서… 이순신이라고 잘못 적혀 있어요.

진옥 스님: 그 이봉호 꺼인데, 이 장군이라고 써져 있어서 이순신 인줄 알고 착각을 하는데, 그거는 이봉호 장군 껍니다.

잘못 적혀 있어요. 고치라고 맨날 그래도. 이순신이라고 하면 품격이 올라갈까봐…

일동: 아 예.

진옥 스님: 그때 뭐냐 하면은, 군 기강이 흐트러져가지고 관군들이 승군들에게다가 핍박을 한 게 있어. 그래서 이제 이 봉호 절도사가 와 가지고, 승군들에게 핍박을 하지 마라. 포고문을 해가지고 걸어서, 흥국사에다가 걸어 줬어요. 그때 이제 1800년 때 이봉호 절도사가 왔을 때, 그때 당시 군 기강이 좀 많이 헤이해지면서, 승군들과 알력이 생겼던 것 같아요. 생겼는데 이제 관군이 계속 압박을 많이 가하고 그러니깐 승군들이 이탈을 하고. 다른 데로 가 버리고, 그런 일이 생겨가지고 그런 것을 하지 말라고. 다섯 조문을 해서 와문 흥국사라고. 그것도 내가 부엌으로 들어가 버린 것을 줏어내가지고, 현판이 다 쪼가리가 나 버려서 들어가 버린 걸 줏어냈어요.

조사자: 상당히 많이 상했던데요? 사진이 있어 사진을 찍었는데, 글자가 조금 보이긴 보이던데요?

진옥 스님: 예. 그래서 이순신 장군이 이제 좀 우리가 볼 때에는, 종교인 입장에서 볼 때에는 대단히 폭이 넓었어요. 그래서 예. 숭유배불 정책을 썼음에도 불구하고, 승려와 이쪽 지역의 유림. 다 의병들. 이쪽 지역의 박대복 선생이

라고 유림이 있어요. 교류가 있었거든요. 그분들하고 승려들하고 이렇게 다 같이 총 연합을, 편가르기 하지 않고 전투에 같이 임했던 모습들. 모습들을 볼 수가 있죠. 승려들, 스님들한테도 그렇게 잘 대했던가 봐요. 승군 대장으로 참전했던, 그 옆에 자운스님보다 나이가 더 많았던 것 같은데, 옥형스님이라고 계시는데, 그 석천사 창건하신 분이에요. 그 분이 전투에 같이 이순신 장군 곁에 있었던가 봐요. 이순신 장군 밑에 아마 같은 배를 탔던가 봐요. 이순신 장군 돌아가시고 나서 내가 도저히 이 장군 곁을 떠날 수 없다고 해서. 박대복 선생이 여기 조그마한 사당(충민사) 하나 지으니까, 여기 절(석천사)을 지어 놓고 평생 거기서 시봉하면서 지낸 거죠.

조사자: 박대복 선생이 충민사 짓고, 옥형 스님이 석천사를 짓고.

진옥 스님: 예 박대복 선생이 지었어요. 옥형 스님은 옆에다가 절을 짓고. 박대복 선생하고 그렇게 친하고 여기서 같이 이렇게 했더라는.

조사자: 전우 관계? 전우 관계입니까?

진옥 스님: 예 전우 관계이지요. 그런 관계로 유림과 불교가 갈등을 일으키지 않고 잘 했는데, 그 지도자의 역량이라고 나는 보아요. 이순신 장군의 역량. 이순신 장군께서 잘 조화롭게 해서 빈부귀천도 따지지 않고 또 이렇게 지도

력을 발휘해서 한 덩어리가 되어서 싸울 수 있게끔 그렇게 하셨던 것 같다. 우리가 여기 살면서 그런 걸 많이 느끼죠. 이 장군 덕분에 나는 이 장군께서 마시러 오던 석천수를 이게 지금 평생 이 장군 덕분에 마시고 있죠. 차 마실 때마다 이 장군 생각이 나요.

조사자: 석천수는 어디에 있습니까? 저기 석천사 안에?

진옥 스님: 아뇨. 이 장군 사당 뒤에 큰 바위 밑에.

조사자: 충민사 밑에 석천이라고 샘이 있던데. 그래서 석천샘.

조사자: 거기 한번 가봐야겠네.

진옥 스님: 들어가서 보시면 석천이라고 바위 옆에 써 놓았어요.

조사자: 저희들도 의병, 마음 한 구석에는 의병 정신을 가지고 하는 겁니다. 그거 없으면 이거 못합니다.

조사자: 시간 너무 뺐는가 모르겠네.

진옥 스님: 아뇨. 티벳 대장경 지금도 번역도 하고, 명의 대전이라고 티벳 장경 속에 한 만 단어 정도. 우리말로 어떻게 바꿀 것인지 연구를. 그게 한 3~4년 더 걸릴 것 같아요.

조사자: 아이고. 스님 뭐 뒤늦게, 이 역사 공부 할려다 보니깐 한문이 얼마나 어렵던지. 읽는 거부터가. 읽는 건 아예 안 되고, 보는 거 뭐 해독은 아예 안 되고.

진옥 스님: 한문이 제일… 금석문 이게 한나라 때 문자잖아요. 금석문 분석하는 게 특히 비문 같은 경우는, 전부 다 그때 당시에 글쟁이들이 써놓은 것 같아 가지고. 함축된 말이 많고, 고사성어가 많고 그래서 한문을 전공한 사람이 아니면 참 힘들어요.

조사자: 아까 말씀드린 이 부분이 약간 살짝 좀 어려운걸. 허허. 국자도 그러하고, 그리고 입구에 임금 왕을 써가지고 사람을 헷갈리게 한다던가.

진옥 스님: 그게 조선 시대에도 그렇게 많이 썼습니다. 흥국사 여기, 호 좌수영지, 여기 여수 향토지에도 옛날 꺼 보니깐 '국'자를 그렇게 써 놨더라고요.

조사자: 그게 왜 그러냐면, 원래 옛날에 한 문장에 글을 쓸 때, 한 종이 안에 같은 한자를 똑같이 넣을 때는, 똑같은 모양의 한자를 쓰지 않는다는 법칙이 있었어요.

조사자: 허허, 그런 법칙도 있었는가?

진옥 스님: 그러니깐 글쟁이들의 법칙이에요.

조사자: 약간씩, 약간씩 바꿔서 쓰는 거죠. 똑같은 글자가 또 나오고 또 나오면 멋이 없다는 거죠.

진옥 스님: 멋도 없고, 지 많이 알고 있다고 자랑하는 것 밖에 안 돼요.

조사자: 예. 허세죠 허세.

진옥 스님: 글자가 그때 당시에 비문 부탁할 때 제일 글 잘 아는 사람한테 부탁했을 거 아닙니까. 그 사람이 뭐, 그냥 쭉 쓴 게 아니라, 뭐 해가지고 문장을 다 만들어서 썼을 거니까. 굉장히 세련된 문장이지만은, 그 안에 함축된 문장도 많고 은유적인 것도 많고 그래서 어렵습니다.

조사자: 그 중수사적비 할 때 당대에 최고 문장, 최창대가 썼다고 나옵니다. 제일 글 잘 아는 사람 불러가지고. 그것도 그만큼 흥국사가 비중이 크니까, 최고 명문장가를 불렀지 않겠습니까?

진옥 스님: 비중이 컸습니다. 크고 뭐, 한 300년 정도를 갖다가 이쪽 지역문화를 전부 주도했어요. 수륙제라는 것을 통해서도 주도했고, 1년에 한번 정도씩 수륙제가 내가 볼 때에는 이때 당시에 그 뭐, 3도 수군통제사나 절도사들이 전부 다 참여하는, 참여하고 군관민이 다 참여하는 (그런 행사였지요).

조사자: 요즘 같으면 진해 군항제쯤 되겠습니다.

조사자: 그렇네요, 예.

진옥 스님: 그래서 법회가 이렇게 뭐, 그… 수군 아니 그 저 삼도 수군, 승통이나 도총섭이 이 법회를 주도하고 해서 그게 이제 군 사령관 하고 절도사들이 같은 위치에서 이제 항상 같이 움직이고 했던, 그런 모습들도 볼 수가 있죠.

조사자: 그때 당시에 절도사들이 시주를 많이 했습디다.

진옥 스님: 그 시주한 목록이 나와요. 그게 승당수석상량기 보면, 그게 뭐 좌변토, 우변토, 뭐 절도사 나눠서 나와요.

조사자: 이렇게 보니깐 절도사들이 (시주를) 많이 하고.

진옥 스님: 절도사들이 시주 많이 하고, 군속들도 예, 군관들이 시주 같은 거 많이 하고 참여를 많이 했더라.

조사자: 근데 이런 수륙제 의식이 지금은 이제 더 이상 이렇게…

진옥 스님: 지금은 재현은 할 수 있는데, 지금 시행되고 있지는 않아요. 시행되고 있지 않고.

조사자: 만약 시행한다 그러면 내용이나 이런 건 다 있습니까?

진옥 스님: 다 있습니다. 다 백 퍼센트 있습니다.

조사자: 아, 다시 재현할 수가 있습니까? 그거 하면 상당히 문화적으로도 다 의미가 있겠는데요?

진옥 스님: 각각의 그런 좋은 문화 관계를 갖다가 너무 척박하니까 그걸 복원을 한번 시켜볼라고, 흥국사에서 복원을 하면 좋거든요. 그대로 다 남아 있으니깐. 책도 그대로 다 남아 있고, 그 다음 그걸 하는 사람이 우리 종단에 있습니다. 있어서 그걸 재설을 다 하는 것을 갖다 하면 충분히 관광 상품으로도 괜찮아요.

조사자: 그 불교. 호국 불교로서의 입장이라던가 이런 입지를 좀 다지고 그걸 또 홍보하는 데도 상당히 의미가 있겠는데 그런 건.

진옥 스님: 글쎄요. 요 초기에 그런 승군 관계가 여기 다 안 붙여 있어가지고, 요거 하면서 세미나도 자체로 열었어요. 열고 이제, 승군이 300명이 한 300년 정도 지속되었더라. 이런 걸 하고 그런 것은 많이 알려졌지요. 그래서 박물관도 작지만. 아직 관리도 제대로 안 되고 있지요. 그런 걸 만들었고. 그런 것이 있는데, 지금 연구할 분야가 상당히 많아요. 아까 이제 그 뭐, 울릉도 뇌헌 스님에 관한 것도 연구를 해야 되지 만은. 이쪽에 수륙제 원행에 대한 그 원통제 같은 그, 우리나라에 하나 밖에 없는, 국보

요청해도 되거든요. 그것도 이제 좀 깊이 있게 들여다보아야 하고. 또 승군이 그 뿐만 아니라 이쪽 지역에 우리가 처음 왔을 때만 해도 장례 의식에도 거의 예, 해 가지고 지금 우리가 초기에 여기 왔을 때만 해도, 장례 지낼 때 거의 아미타불 염불하고 민간인이 다 그랬습니다. 관암보살, 관세음보살 염불하고, 다 그랬고. 그런 것들이 굉장히 강했었죠. 음~ 지금은 많이 달라졌지만.

조사자: 한양지방하고 도서지방 같은 경우에 불교 국가가 미친 영향이라는 게 아까 스님이 말씀하신 승군의 역할도 있겠지만, 스님들이 주로 고려시대에서 조선시대에까지 쭉 내려오면서 스님들이 주로 하신 업무 중 하나가 간호업무인데요. 의사, 의간, 의사도 하고 간호도 하고 그런 업무도 하셔가지고.

진옥스님: 그게 우리나라에서 대표적인 곳이 실상사입니다.

조사자: 그러시다보니까 그분들을 모시는 풍습도 있고 아까 수륙제 말씀하시는 게 진짜로 재미있을 것 같아요.

진옥 스님: 그게 한 300년 정도 지속된 문화예요.

조사자: 작년에 처음으로 거문도 뱃노래 전수회 노인들, 스물다섯 분을 경상북도에서 울릉도하고 독도까지 모시고 가서 거기서 뱃노래 공연도 하고 했는데 그분들이 많이 울

기도 하고, 조상들이 어떤 분은 할아버지 삼형제가 제삿날이 똑같다 이런 분도 계시고 처음으로 그렇게 좀 했습니다. 하고 결국 거문도하고 흥국사하고 같이 연결되는 거니깐 흥국사 스님들하고 (안용복이) 그 때 (같이) 감으로 인해서 그게 구전으로 인제 전승이 되고 해서 거문도 사람들이 울릉도 독도 가는 것도 영향을 미친 거 같아요.

진옥스님: 네 그럼요, 뱃길이니깐.

조사자: 그래서 저희들은 흥국사 연구와 거문도 연구를 한 세트로 보고 연구를 해야 한다고 생각합니다.

# 참고문헌


곽영보 편저, 『거문도 풍운사: 한말거문도사건』, 삼화출판사, 1987.

김유, 주영하 감수, 『해상 기문(海上奇聞)』, 세종대 출판부, 1988.

김충석, 『망중한』(자서전) 상 · 하 전2권, 금산재, 2017.

백성현 · 이한우, 『파란 눈에 비친 하얀 조선』, 새날, 2006.

삼산면지발간추진위원회, 『삼산면지』, 2000.

영남대 독도연구소 편, 『울릉도 · 독도 관련 거문도 자료』 Ⅰ · Ⅱ, 선인, 2018.

진옥 편저, 『호국의 성지 흥국사』, 우리출판사, 2003(개정1쇄).

『민국일보』, 「'독도는 옛날부터 우리 땅' 천석짜리 뗏목배로 왕래」(김윤삼 씨 인터뷰 기사), 1962.3.20.

『조선일보』, 「'바다의 개척자', 사발배 타고 동으로 서로」(박운학씨 인터뷰 기사), 1963.8.11.

전남 100년(사진), 전남도청 홈페이지(https://dongbu.jeonnam.go.kr/).

# 본문화보

## ■ 제보자 사진

이귀순
(거문도뱃노래 전수회 회장)

김태수

원용삼

김충석(前 여수시장)

김충현

박종산(前 삼산면장)

진옥스님(석천사 주지)

거문대교 동도리 쪽에서 바라 본 서도리 장촌마을 전경 (본문 37쪽)

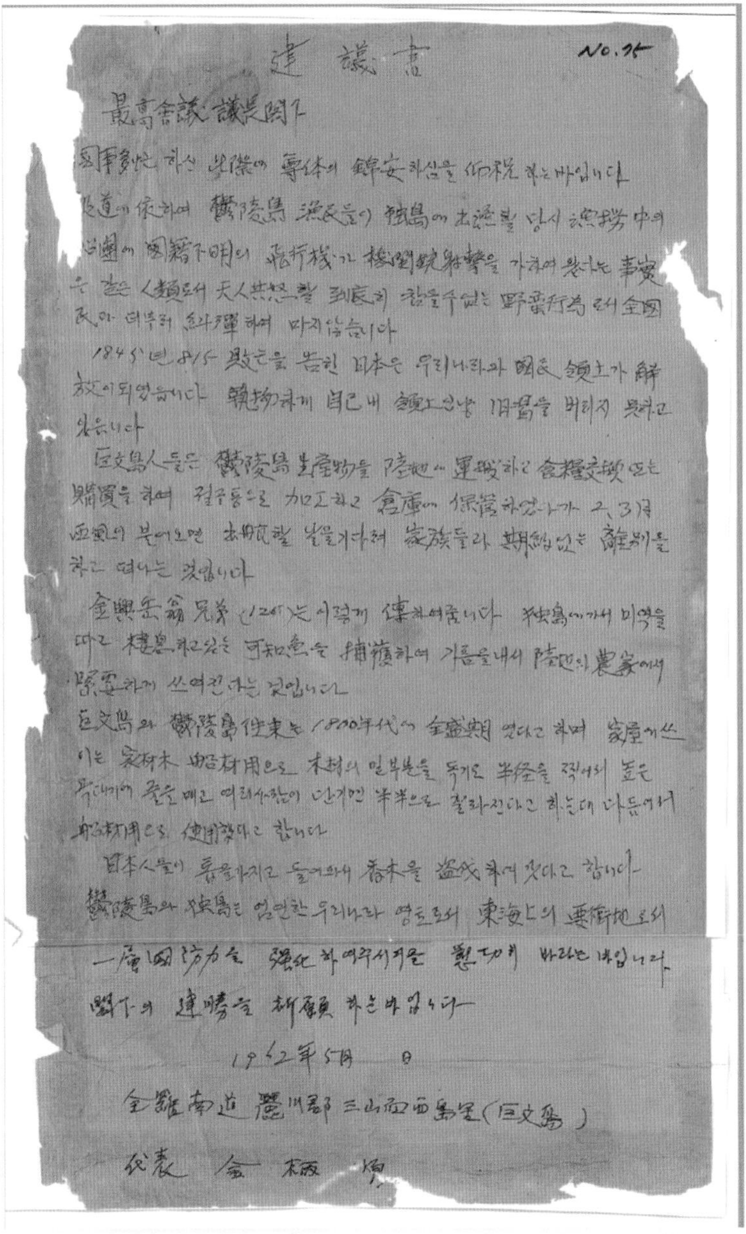

建議書　No.75

最高會議 議長閣下

國事多忙 하신 此際에 尊体의 錦安하심을 仰祝 하는바입니다

報道에 依하여 鬱陵島 漁民들이 独島에 出漁할 당시 漁撈中의 外國에 國籍不明의 飛行機가 機關銃射擊을 가하여 왔다는 事實은 같은 人類로서 天人共怒할 到底히 참을수없는 野蠻行為로서 全國民이 더부러 糾彈하여 마지않습니다

1845년 8.15 敗亡을 당한 日本은 우리나라와 國民 領土가 解放이되였읍니다 執拗하게 自己네 領土 라는 旧習을 버리지 못하고 있읍니다

巨文島人들은 鬱陵島 生産物을 陸地에 運搬하고 食糧交換 또는 賣買를 하여 절구통으로 加工하고 倉庫에 保管하였다가 2、3月 西風이 불어오면 出帆할 날을기다려 家族들과 期約없는 離別을 하고 떠나는 것입니다

金興金翁 兄弟(120세)는 이렇게 傳하여줍니다 独島에 가서 미역을 따고 棲息하고있는 可知魚을 捕獲하여 기름을내서 陸地의 農家에서 緊要하게 쓰여젔다는 것입니다

巨文島와 鬱陵島 往来는 1800年代에 全盛期 였다고 하며 家屋에 쓰이는 家材木 船舶材用으로 木材의 일부분을 톱기로 半径을 적어서 높은 꼭대기에 줄을 매고 여러사람이 단기면 半半으로 갈라진다고 하는데 나듬어서 船舶材用으로 使用했다고 합니다

日本人들이 톱을가지고 들어와서 香木을 盗伐하여 갔다고 합니다

鬱陵島와 独島는 엄연한 우리나라 영토로서 東海上의 要衝地로서 一層 國防力을 强化 하여주시기를 懇切히 바라는 바입니다.

閣下의 建勝을 祈願 하는바 입니다

1962年 5月　日

全羅南道 麗川郡 三山面 西島里(巨文島)

代表 金 秉 [illegible]

국가재건 최고회의 건의서 – 김병순(1962.5) (본문 52쪽)

(3281)

謹啓

貴下의 尊體錦安하심을 祈願하옵니다

[illegible] 보내주신 建議[illegible]

表를 드리는 바입니다

貴下의 誠意어린 建議內容에 對해서는 充分히 檢討하여

施策에 參考로 하겠아오니 諒知하시기 바랍니다

貴下의 健勝을 祈願합니다

西紀一九六二年 五月 日

國家再建最高會議

議長秘書室民願秘書官 全斗煥 拜

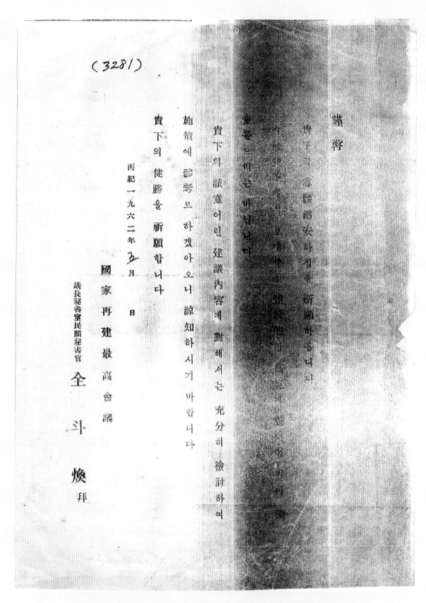

국가재건 최고회의 비서관 전두환 답신(원본, 1962.5) (본문 52쪽)

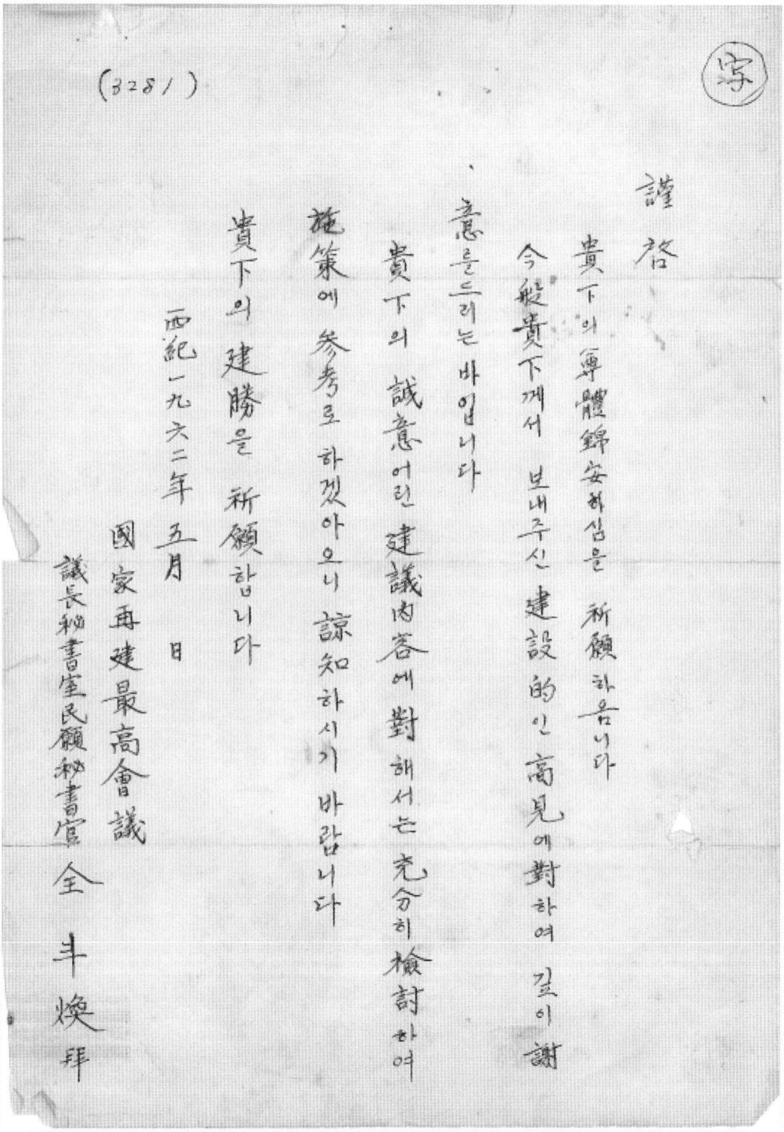

(3281)

写

謹啓

貴下의 尊體錦安하심을 祈願하옵니다

今般 貴下께서 보내주신 建設的인 高見에 對하여 깊이 謝
意를 드리는 바입니다

貴下의 誠意어린 建議內容에 對해서는 充分히 檢討하여
施策에 參考로 하겠아오니 諒知하시기 바랍니다

貴下의 建勝을 祈願합니다

西紀 一九六二年 五月 日

國家再建最高會議
議長秘書室民願秘書官 全 斗 煥 拜

국가재건 최고회의 비서관 전두환 답신(필사본, 1962.5) (본문 52쪽)

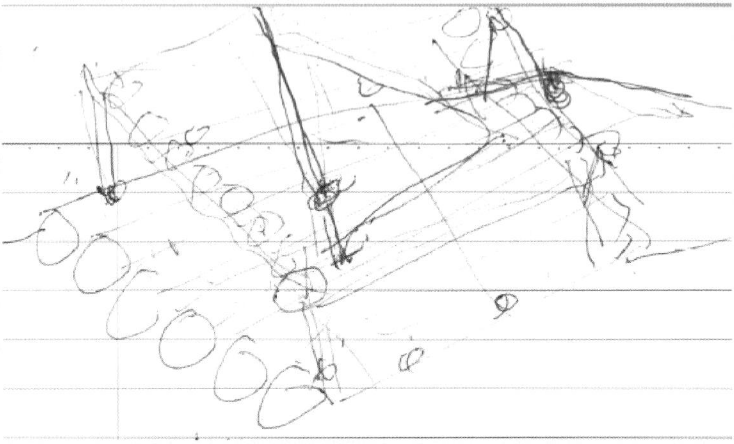

이귀순 회장이 직접 그려준 떼배 그림 (본문 91쪽)

2층으로 된 뗏목 배에 돛을 세우고 노를 달아서 울릉도와 독도를 왕래했다.
거문도로 돌아올 때는 해체해서 배에 싣고 와서 목재로 사용했다.

거문도 카페리 선착장 인근에 복원 전시된 떼배(2018.1.17 촬영) (본문 91쪽)

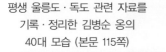

평생 울릉도 · 독도 관련 자료를
기록 · 정리한 김병순 옹의
40대 모습 (본문 115쪽)

김태수 씨가 부친 김병순 옹이 기록 · 정리한
자료들을 조사자들에게 설명하고 있다(2018.2.8.)
(본문 115쪽)

1992년 6월 25일 울릉도를 방문한 김병순(당시 77세) 씨는 천부동에 사는
우노인(당시 107세)을 만나 거문도 사람들이 울릉도 · 독도에서 했던
일과 생활에 대한 구술을 듣고 메모를 남겼다. (본문 123쪽)

김태수 씨의 부친
김병순 옹이 평생 동안
기록 · 정리한
울릉도 · 독도 관련 자료
(본문 132쪽)
이 자료는 원본을 스캔하여
『울릉도 · 독도 관련
거문도 자료Ⅰ · Ⅱ』
(영남대 독도연구소 편,
선인, 2018)로 출판되었다.

김충석 前 여수시장과 조사자들의 대담장면(2018.2.10) (본문 176쪽)

김충석 前 여수시장이 고향 초도 의성리에 세운 울릉도 · 독도 개척 기념비 (본문 201쪽)

복원된 강진 옹기돛단배 봉황호의 출항모습 (본문 241쪽)
2010년 9월 8일 강진군 칠량면 봉황리 포구.

여수 흥국사 의승수군유물전시관 (본문 268쪽)

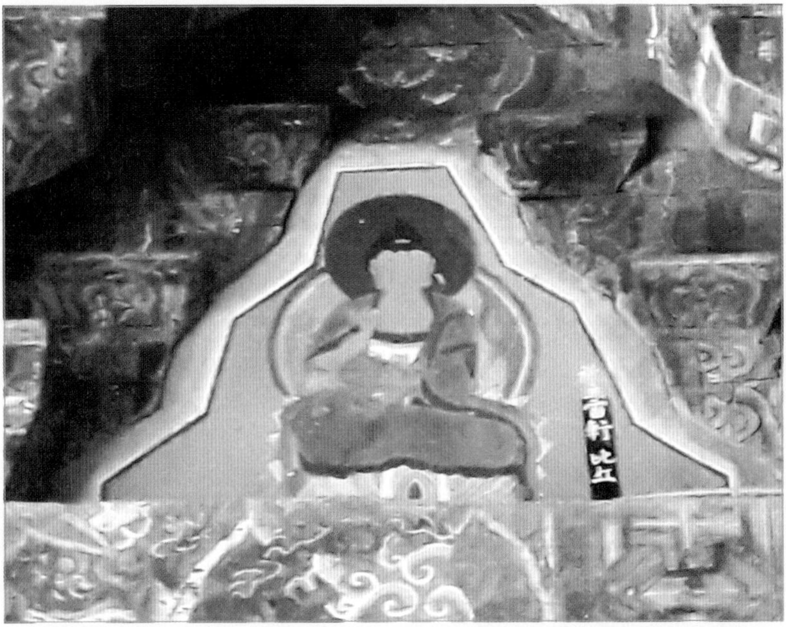


흥국사 대웅전 공포 사이에 그려진 뇌헌 스님 벽화 그림 (본문 279쪽)

# 편저자 소개

## ■ 최재목

영남대 독도연구소 소장

저서 : 『해방 이후 울릉도 · 독도 조사 및 사건관련 자료 해제 I』(공편), 『시로 만나는 독도』(공편), 『일본사상사』(공역), 『한국과 이토 히로부미』(공저), 『동양철학자, 유럽을 거닐다』 외

논문 : 「울릉도에서 獨島가 보이는 조건 '風日淸明'의 해석」, 「독도에 관한 인문학적 논의를 위한 試論」, 「북한 〈노동신문〉에 나타난 독도기사(2009~2017) 현황분석」, 「19세기 경상도의 유교전통과 민족종교 동학」, 「일제강점기 신문-잡지를 통해서 본 양명학 연구의 동향」 외

## ■ 이태우

영남대 독도연구소 연구교수

저서 : 『해방 이후 울릉도 · 독도 조사 및 사건관련 자료 해제 I』(공편), 『독도영유권 확립을 위한 연구 X』(공저), 『일제강점기 한국철학』, 『일제강점기 서양철학의 수용과 전개』 외

논문 : 「1905년 '독도편입' 전후 일본 사료에 나타난 울릉도 · 독도의 지리적 인식」, 「1948년 독도폭격사건의 경과와 발생배경」, 「근세 일본의 사료에 나타난 울릉도 · 독도의 지리적 인식 - 〈죽도기사〉 · 〈죽도고〉 · 〈원록각서〉를 중심으로 -」, 「독도문제와 관련한 '스기하라(杉原隆) 보고서' 재검토」, 외

■ **박지영**

영남대 독도연구소 연구교수

저서 : 『일본이 기억하는 조선인 안용복』(공저), 『안용복 : 희생과 고난으로 독도를 지킨 조선의 백성』(공저), 『1877년 태정관 지령에 관한 연구』(공저), 『독도 관계 일본 고문서』(공역), 『죽도기사(공역)』 외

논문 : 「일본 중학교 독도교육의 실태」, 「돗토리번 사료를 통해 본 울릉도 쟁계－몇 가지 쟁점에 대한 검토를 중심으로－」, 「일본 산인(山陰)지방민과 '울릉도 · 독도 도해금지령'에 대하여)」 외

■ **정태만**

인하대 고조선연구소 연구교수

저서 : 『(태정관 지령이 밝혀주는) 독도의 진실』

논문 : 「샌프란시스코 대일평화조약과 관련된 일본측 주장과 그 비판」, 「에도시대 이후 공적 지도에 나타난 독도 영유권」, 「일본영역참고도와 대일평화조약」, 「샌프란시스코 평화조약의 문언적 해석」